Hitler, die Philosophie und der Hass

Fröhliche Wissenschaft 190

Peter Trawny

Hitler, die Philosophie und der Hass

Anmerkungen zum identitätspolitischen Diskurs

Matthes & Seitz Berlin

»Was wollt ihr tun am Tage der Heimsuchung und
des Unheils (שואה), das von ferne kommt?
Zu wem wollt ihr fliehen um Hilfe?
Und wo wollt ihr eure Herrlichkeit lassen?«

Jesaja 10,3

Inhalt

Vorwort. Den Nationalsozialismus denken

> »Erschiene die Weisheit vielleicht auf Erden als Rabe, den ein kleiner Geruch von Aas begeistert?«
>
> Nietzsche, *Götzen-Dämmerung*

In einem Vortrag aus der Mitte der Siebzigerjahre erklärt Jacques Derrida, dass »wir« »nicht wüßten oder zu wissen glaubten, was der Nazismus« sei: »Ich glaube nicht, daß wir den Nazismus schon zu denken wüßten. Diese Aufgabe bleibt vor uns [...].«[1] Das sagt der Philosoph im Kontext eines Hinweises auf Nietzsches sogenannte »große Politik«. Hat sie den Nationalsozialismus beeinflusst? Zugleich betont Derrida, dass die Werke Heideggers, Marx' oder Freuds studiert werden müssten, um die Aufgabe zu erfüllen, den Nationalsozialismus »zu denken«.

Ungefähr zehn Jahre später, im Verlauf des sogenannten »Kolloquiums von Heidelberg«, auf dem es zwischen Derrida, Philippe Lacoue-Labarthe, Hans-Georg Gadamer und anderen um die »philosophische und politische Tragweite« von Heideggers Denken geht, wiederholt der Erste sein bemerkenswertes Statement. Er spricht von »dieser noch ungedachten Sache«, »die der Nazismus für uns ist«.[2]

Derrida meint es ernst. Seine Aussage hat einen reflektierten Hintergrund.

Aber: der Nationalsozialismus eine »noch ungedachte Sache« »für uns«? Diese Behauptung muss zunächst auf Verständnislosigkeit stoßen. Jahrzehnte aller möglichen Formen von Erinnerungskultur, von historischer, soziologischer, politischer, psychologischer und philosophischer Deutung – und der Nationalsozialismus »noch ungedacht« »für uns«? Eine »Aufgabe vor uns«? Zu einer solchen Aussage, möchte man ausrufen, kann sich wohl nur ein Philosoph oder eine Philosophin versteigen!

Ich stutze also erst – und nehme sie dann ernst. Was, so frage ich mich, soll das heißen: den Nationalsozialismus denken? Leichter gehen einem die Ausdrücke »an etwas denken« oder »über etwas denken«, auch »sich etwas denken« über die Lippen. Der transitive Gebrauch des Verbs »denken«, dieses »etwas zu denken« – zuerst und zuletzt sogar das Denken zu denken –, ist eine nicht selbstverständliche, in der Philosophie jedoch nicht ungebräuchliche Redeweise. Doch was bedeutet sie?

Denken ist zunächst, nicht anders als das Durchdenken von etwas, eine Bewegung. Dabei ist diese Bewegung nicht nur Denkprozess, wenn das lediglich hieße, dass das Denken sich in der Zeit bewegt. Vielmehr gerät das Gedachte selbst in eine Bewegung, in der es sich verändert. Denken sei, sagt Hegel, »der sich bewegende und seine Bestimmungen in sich zurücknehmende Begriff«.[3] Er ist es, der im Denken die Bewegung auslöst und leitet. Dabei setzt er Bestimmungen frei, spezifische Bedeutungen, die er in seiner Bewegung wieder in sich zurücknimmt, indem er andere hervorbringt. Dieses von uns nur mehr oder weniger kontrollierte Freisetzen und Zurücknehmen von Bedeutungen, von Bestimmungen, die den Gegenständen des Denkens innewohnen, ist so etwas wie der Rhythmus, in dem das Denken denkt.

Wenn Denken eine Bewegung ist, dann gibt es in ihr drei Momente: das Denken, das Gedachte und das Verhältnis zwischen den beiden. Die Denkbewegung kann man zwar Prozess nennen, doch muss sie nicht kontinuierlich vonstatten gehen. Es gibt Unterbrechungen, Durchbrüche, in denen sich Unerwartetes zeigt, Abbrüche, auf die nichts zu folgen scheint, bis der Gedanke wieder aufgenommen werden kann. Durch diese Bewegung und in ihr verändere ich mich, wie auch das Gedachte sich ändert. Philosophen wie Hegel und Heidegger haben den Zauber dieser Tätigkeit eine *Erfahrung* genannt. Ob sie uns dem noch ungedachten Nationalsozialismus näherbringen wird, muss sich zeigen. Allerdings ist das, was sich in der Bewegung des Denkens gezeigt haben wird, nie Resultat, sondern ein vorläufiger Gedanke, der in eine weitere Denkbewegung eingehen kann; hier und jetzt im Idealfall in die des Lesers und der Leserin.

Weil das Denken ein sich bewegendes Verhältnis ist, stellt es sich seine Gegenstände nicht einfach gegenüber, so wie wir beim Wahrnehmen oder Betrachten die Dinge vor uns hinstellen, das heißt vor-stellen. Das entspräche dem Modell der Subjekt-Objekt-Beziehung, wonach ein Subjekt (Ich) den

Nationalsozialismus (Objekt) denken will. Vielmehr zieht das Denken sein Gedachtes in sich hinein; es verflüssigt seine Gegenstände, entdinglicht sie. Zur Identität, zur endgültigen Wahrheit, kommt es dabei jedoch niemals. Wäre dem nämlich so, wäre das Denken an ein Ende gekommen.

Die Vorstellung, das Denken könne sich seine Gegenstände aussuchen, um diese dann zu verstehen oder zu erklären, ist demnach naiv. Wenn nun Heidegger scheinbar provokant sagt: »Die Wissenschaft denkt nicht«,[4] dann meint er, die Wissenschaft würde nicht nach der Herkunft ihrer Gegenstände fragen. Das tut sie aber nur insofern nicht, als sie sich ihre Gegenstände schlechthin und »immer schon« voraussetzt. Sie braucht Gegenstände – die, wie wir inzwischen wissen, durch das Forschen selbst verändert werden; doch das ist eines ihrer methodologischen Probleme –, nicht um sie zu denken, sondern um sie zu erforschen und aus diesen Forschungen Resultate zu erzielen. Die Wissenschaft braucht und produziert Ergebnisse. Beim Denken ist das anders.

Schließlich wäre es auch falsch, den Nationalsozialismus überhaupt als einen Gegenstand zu bezeichnen, der erkannt werden könnte. Zwar ließe sich sagen, dass er eine »Weltanschauung« darstellt. Doch gerade das widerspricht seiner Vergegenständlichung. Denn wissen wir, was eine Weltanschauung ist? Und wissen wir, was das Eigentliche *dieser* spezifischen Weltanschauung ist? Gibt es ein solches Eigenes überhaupt, etwas, das unmittelbar erkannt oder verstanden werden könnte? Es wird sich zeigen, dass sich schon in diesen Fragen Probleme ankündigen, die womöglich mit der Popularität zusammenhängen, die dem Begriff der Weltanschauung am Ende des 19. Jahrhunderts und am Anfang des 20. Jahrhunderts zukam.

Derrida behauptet, der Nationalsozialismus sei »für uns« »*noch* ungedacht« (Hervorhebung von mir). Das klingt so, als meinte er, er könne einmal gedacht, aus- oder zu Ende gedacht sein. So wenig wir jedoch den Begriff des Denkens mit dem des Erkennens identifizieren dürfen, so wenig können wir meinen, der Nationalsozialismus sei eines Tages einmal ausgedacht. Derridas Bemerkung ist nicht die Aufforderung, den Nationalsozialismus nun doch endlich einmal durchzudenken, ihn sozusagen auf den Begriff zu bringen. Nicht nur, dass so etwas in Bezug auf den Nationalsozialismus nicht möglich ist; es ist im philosophischen Denken überhaupt unmöglich, eine Sache so zu durchdenken, dass sie sich erledigt hat.

Der Nationalsozialismus ist noch ungedacht, bedeutet dann: Es steht uns immer bevor, ihn zu denken, er wird nicht aufhören, ungedacht zu sein. Und das ist vermutlich das Beste, was uns in Bezug auf diese Katastrophe der Geschichte passieren kann. Keine Erinnerungskultur wird uns abnehmen, diese Katastrophe wiederholt durchdenken zu müssen; Erinnerungskultur, wenn sie etwas anderes und mehr sein soll als verordnetes Schuldgefühl, ist ohnehin nur immer das: Erinnerung an den Versuch, noch ein Mal zu denken, was geschah.

Den Nationalsozialismus zu denken heißt also, sich auf ihn, und das kann nur heißen: sein, des

Nationalsozialismus, eigenes Denken, einzulassen, um von ihm aus oder sogar in ihm sein noch Ungedachtes zu finden. Das wird zwar weder zu einer Erkenntnis im oben genannten Sinne noch zu einer Erklärung, weder zu einem Verstehen noch zu einer Definition führen. Doch was immer er sein wird – er ist auch eine Weltanschauung des »Hasses auf den anderen Menschen« (»la haine de l'autre homme«, Levinas). Wir werden den Hass nicht bannen können – und das ist vielleicht denkbar, doch nicht zu verstehen.

*

Derrida scheint die Zuschreibung des zu denkenden Nationalsozialismus »für uns« zu betonen. Wer aber soll »wir« sein? In Heidelberg hat das »wir« einen konkreten Kontext. Es geht um Heidegger, der es vermieden habe, sich für sein Engagement im »Dritten Reich« öffentlich zu entschuldigen. Da er geschwiegen habe, falle nun »uns« – den hier und jetzt in Heidelberg Diskutierenden – die Arbeit *(travail)* zu, die Beziehung von Heideggers Denken und dem Nationalsozialismus zu denken. Das sei Erbschaft *(C'est l'heritage)*, frei nach Heideggers Bemerkung in *Sein und Zeit*, dass »alles ›Gute‹ Erbschaft«[5] sei, die »wir« anzutreten hätten.

Das »wir«, so kann man vermuten, waren und sind zunächst die angesprochenen Philosophen und Philosophinnen, die von der Erbschaft des Philosophierens und das heißt seiner Verstrickung in den Nationalsozialismus am unmittelbarsten betroffen sind. Die Behauptung, dass »wir« Philosophen und Philosophinnen den Nationalsozialismus noch nicht gedacht hätten, klingt allerdings unglaubwürdig, wenn »wir« daran erinnern, was auf diesem Gebiet schon alles geleistet wurde (und ich werde so ungerecht sein müssen, wichtige Arbeiten zu diesem Thema nicht zu erwähnen).[6]

Schon vor Kriegsende haben sich Theodor W. Adorno und Max Horkheimer in ihrer *Dialektik der Aufklärung*[7] philosophisch mit Faschismus und Antisemitismus beschäftigt. Adornos »Metaphysik nach Auschwitz« aus der *Negativen Dialektik*[8] geht über seine Zusammenarbeit mit Horkheimer hinaus. Im Kontext des Adorno'schen Denkens sowie der Geschichte der Bundesrepublik sind seine Überlegungen zur Bedeutung der Shoah epochal. Sie sind auch heute nicht zu ignorieren.

Es ist nicht übertrieben, zu behaupten, dass Hannah Arendts gesamtes Werk um die Erfahrung der totalen Herrschaft kreist. Gerade ihre frühen Arbeiten wie die *Elemente und Ursprünge totaler Herrschaft*,[9] aber auch auf seine Art der Text über *Eichmann in Jerusalem*[10] ziehen ihre Stärken aus einer intensiven Beschäftigung mit historischen Untersuchungen zum Thema. Die Begriffstriade »Antisemitismus, Imperialismus, totale Herrschaft« hat sich als überaus fruchtbar erwiesen. Vor allem Arendts Haltung, ihre vollkommene intellektuelle Unabhängigkeit, erweist sich in der Beschäftigung mit den hier angesprochenen Fragen als vorbildlich.

Aus dem französischen Umfeld der Dekonstruktion ist an die Texte von Philippe Lacoue-Labarthe und Jean-Luc Nancy zu erinnern, die allerdings beide vor allem von Heidegger ausgehend sich mit dem Nationalsozialismus beschäftigten. Besonders der Text *Le mythe nazi*[11] von 1991 eröffnet einen wichtigen Blick aufs Problem. Aber auch das um Heidegger kreisende *La fiction du politique*[12] von 1990 bietet immer noch Anknüpfungspunkte.

Schließlich die These von den »geistigen Vorbereitern«. Sie behauptet, dass sich der Nationalsozialismus aus geistesgeschichtlichen Konstellationen entwickelte, die sich mit bestimmten Namen verbinden lassen: Friedrich Nietzsche, Ernst Jünger, Martin Heidegger, Carl Schmitt usw. Eine Darstellung dieser Reihe findet sich in Georg Lukács' *Die Zerstörung der Vernunft*.[13] Diese genealogische, selbst ideologisch vorgeprägte Perspektive muss voraussetzen, dass die genannten Positionen sozusagen im Modus eines kaum zu verifizierenden Einflusses stattgefunden haben. Ein konkreter Niederschlag zum Beispiel von Heideggers Denken ist im Nationalsozialismus nicht festzustellen.

Außer all dem ist auf eine in der Philosophie kaum wahrgenommene lange Abhandlung über *Adolf Hitler in der Geschichte*[14] von Hermann Schmitz aufmerksam zu machen. Der fulminante Text bietet nun auf den ersten Blick wirklich das, was Derrida fordert, nämlich in die ideologischen Anfänge des Nationalsozialismus einzutauchen. Diese sehr spezifische – bis in die griechische Antike zurückreichende – Sicht kann allerdings nicht einfach adaptiert oder absorbiert werden. Sie ist in der Geschichte der philosophischen Auseinandersetzung mit dem Nationalsozialismus einzigartig, weil sie eine Konsequenz zieht, die den meisten Philosophen und Philosophinnen verborgen blieb und der sie wohl auch nicht zu folgen bereit sein werden. Das hängt mit Schmitz' eigener Gesamtinterpretation der Geschichte der Philosophie, wonach sich eine Art von philosophischer Sündenfall bei Demokrit über zweitausend Jahre später auf Hitlers Weltanschauung auswirke, zusammen.

Doch die Erbschaft der Philosophie geht weit über ein Reflektieren ihres konkreten historischen Berührtseins vom Nationalsozialismus hinaus. Zwar ist es wichtig, die Engagements eines Heidegger, eines Carl Schmitt, Alfred Baeumler oder Arnold Gehlen im »Dritten Reich« zu untersuchen, aber zum Punkt kommen wir so nicht – wenn es nicht sogar von ihm ablenkt. Denn allzu häufig geschieht es, dass in einer solchen Untersuchung eine »Schuld« festgestellt wird, von der »wir« unser Gewissen allzu schnell entlasten. Haben »wir« nicht das »unsrige« getan, wenn »wir« die Philosophen (oder Staatsrechtler) entlarven, die sich auf den Nationalsozialismus eingelassen haben? Keineswegs.

»Wir« – die Philosophen und Philosophinnen – sind von der abgründigen Komplizenschaft der Philosophie mit dem Nationalsozialismus insofern betroffen, als diese Verstrickung die ganze Geschichte der Philosophie berührt. »Zu glauben, der europäische Diskurs könnte den Nationalsozialismus wie ein Objekt auf Distanz halten, ist im besten Fall eine naive Hypothese, im schlimmsten Fall aber ein Obskurantismus und ein politischer Fehler. Man würde dann so tun, als hätte der Nationalsozialismus mit dem Rest von Europa, mit den anderen Philosophen und Philosophinnen, mit anderen politischen und religiösen Sprachen keinen Kontakt gehabt«, betont Derrida in einem Gespräch mit Didier Eribon.[15]

*

Exterminatorischer Antisemitismus (Rassismus und »Rassentheorie«), Antikommunismus und Sozialdarwinismus, Bereitschaft zur Gewalt und zum Krieg tendierend, gemäß seinem Namen dem Nationalismus und der »Volksgemeinschaft« verpflichtet – das dürften im Großen und Ganzen die wesentlichen Merkmale des Nationalsozialismus sein. Das Problem dabei ist jedoch, dass sie auch jenseits des Nationalsozialismus vorkommen. Nicht jeder Antisemit ist ein Nationalsozialist, wie auch übrigens nicht jeder Nationalsozialist notwendig Antisemit sein musste (wenn auch schwer vorstellbar ist, wie ein Nicht-Antisemit Hitlers Politik unterstützen konnte). Nicht jeder Antikommunist, nicht jeder Sozialdarwinist, nicht jeder Fürsprecher des Krieges, nicht jeder Nationalist ist schon Nationalsozialist.

Etwas wird bei all dem folglich nicht bedacht, ein Merkmal des Nationalsozialismus bleibt übersehen. Dieses Merkmal ist keine Nebensache, denn wenn all die genannten Eigenschaften des Nationalsozialismus nicht ihm allein vorbehalten sind, bleibt ganz offensichtlich etwas an ihm ungedacht. Was aber kann am Nationalsozialismus wirklich als einzigartig bezeichnet werden? Gibt es so etwas wie ein Alleinstellungsmerkmal des Nationalsozialismus?

Wenn es ein solches Merkmal wirklich gibt, dann heißt es wohl *Adolf Hitler*.

Historiker und Historikerinnen haben immer wieder darauf verwiesen, dass der Nationalsozialismus wesentlich mit der Person Adolf Hitlers verbunden ist. In einer der letzten erschienenen Hitler-Biografien, in der von Volker Ullrich, heißt es:

»Zweifellos war Hitler der Dreh- und Angelpunkt des NS-Regimes. Mit ihm stand und fiel das ›Dritte Reich‹. Deshalb muss, wer den Nationalsozialismus, seine Attraktivität und seine Monstrosität, verstehen will, die bewegende Kraft Hitlers in den Blick nehmen, zugleich aber auch die Kräfte, die auf ihn einwirkten.«[16]

Ich vermeide zu fragen, was hier »verstehen« heißen soll. Ullrich betont jedenfalls, was eigentlich auf der Hand liegt: Der Aufstieg und Untergang des Nationalsozialismus kann ohne die einzigartig ikonische Figur Adolf Hitlers nicht gedacht werden. Dass der Nationalsozialismus einen so großen Teil der deutschen Erinnerungskultur ausmacht (zum Beispiel im Vergleich zur Erinnerung der Kolonialgeschichte des Deutschen Reichs), liegt nicht nur an Birkenau, nicht nur am Zweiten Weltkrieg, sondern auch an der einzigartigen Figur dieses Mannes.

Dass Hitler, seine Erscheinung, sein Auftritt, seine Stimme, schon früh – auch und besonders im Ausland – mit dem Nationalsozialismus identifiziert worden ist, hat viele Ursachen. Eine ist gewiss die Propaganda. Doch auch die basiert auf der alles überragenden Bedeutung von Hitler für die Politik des »Dritten Reichs«. Dass es seine Wirklichkeit nicht ohne seinen Verwaltungsapparat, ohne die Bürokratie gegeben hätte, ist nur insofern keine Banalität, als gefragt werden kann, warum dieser Apparat im Grunde bis in seine letzten Stunden hinein dem »Führer« loyal gedient hat und vor allem warum er sich zur Organisation der schrecklichsten Verbrechen benutzen ließ.

Biografien wie die von Fest, Hamann (*eine* Frau unter vielen Männer), Kershaw, Longerich, Pyta, Ullrich und zuletzt Brendan Simms zeichnen diese Facetten auf Tausenden von Seiten mit einer Verpflichtung zum kleinsten Detail. Die »Hitler-Biografie« ist beinahe ein eigenes Genre der Geschichtswissenschaft geworden. Stets gibt es weitere Begründungen, warum nun auch *diese* Biografie noch nötig sei. Und es ist nicht abzusehen, dass es keine neue mehr geben wird.

Die Popularität – anders kann man es nicht nennen – dieses Springteufels der Vernichtung hat längst auch die Popkultur erreicht. Das beginnt schon 1940 mit *The Great Dictator* von Charlie Chaplin, einem Film, der gewiss nicht nur komisch ist. Zu erinnern ist auch an die Farce um Hitlers Tagebücher von 1983. Ein paar Wochen befand sich die Bundesrepublik im medialen Ausnahmezustand, bis die Fälschung der Tagebücher bewiesen war. Helmut Dietls Komödie *Schtonk!* (ein Wort aus Chaplins Hitler-Film) von 1992 stellt diesen Ausnahmezustand brillant dar. In Oliver Hirschbiegels Film *Der Untergang* von 2004 wiederum spielt Bruno Ganz den »Führer« in seinen letzten Berliner Tagen, wobei die Frage, ob man ein »Monster« menschlich darstellen dürfe, nicht lange auf sich warten ließ. Dann profitierte Timur Vermes von Hitlers merkwürdiger Popularität, als er 2012 die Farce *Er ist wieder da*, die 2015 verfilmt wurde, publizierte. Zuletzt präsentierte 2019 Taiki Waititi die Satire *Jojo Rabbit*.

*

Doch nicht nur politisch und womöglich sogar mentalitätsgeschichtlich ist das »Dritte Reich« nicht ohne Hitler zu verstehen. Auch weltanschaulich hat Hitler dominiert. Dafür steht die von den oben genannten Autoren und Autorinnen kaum beachtete schriftliche Selbstverständigung des Nationalsozialismus und hier insbesondere *das* Buch des »Dritten Reichs«: *Mein Kampf*. Der Literaturwissenschaftler Alfred Koschorke hat in einem kurzen Text über das Buch, in dem er die Poetik des Nationalsozialismus vermutet, von einer »bibliozentrischen Ausrichtung«[17] der Totalitarismen des 20. Jahrhunderts gesprochen. Tatsächlich hatten die größten totalitären Diktatoren wie Stalin, Hitler und Mao ein Anliegen, sich in Schriften oder in Reden ausführlich zu äußern. Bekannt sind die teilweise über vier Stunden langen Reden Fidel Castros. Das vielleicht bekannteste Beispiel ist jedoch die sogenannte »Mao-Bibel«, die in den Sechzigerjahren Millionen von Lesern und Leserinnen fand.

Der Nationalsozialismus allerdings hat eine ganze Masse an Literatur über sich selbst produziert. So sind Bücher wie Gottfried Feders *Der Deutsche Staat auf nationaler und sozialer Grundlage*[18] aus der Frühzeit der NSDAP oder Alfred Rosenbergs *Der Mythus des 20. Jahrhunderts*[19] durchaus bedeutende

Versuche der Selbstauslegung, denen sich die ständigen Veröffentlichungen der von Hitler gehaltenen Reden beigesellten. Auch andere Nazi-Größen wie Joseph Goebbels oder Baldur von Schirach betätigten sich publizistisch. Hinzu traten noch alle jene Zeitschriften und Monatsblätter, die von den einzelnen Parteiorganen herausgegeben wurden. Man könnte sich fragen, was diese Fülle von Schriften veranlasst hat. Vielleicht das:

Weltanschauungen tendieren zur Reflexion ihrer Grundlagen. Marx und Engels, die ihre Texte nicht als Weltanschauung verstanden, wurden im Verlauf des 19. Jahrhunderts zu Vordenkern der Russischen Revolution und das heißt vor allem der Texte Lenins stilisiert. Hitler, der sich explizit als »Bollwerk gegen den Bolschewismus« entwarf, musste auf diese Herausforderung reagieren. Dass er dabei auf schon bestehende Schriften aus dem rechtsextremen Lager wie die von Gottfried Feder oder Alfred Rosenberg und vieler anderer zurückgreifen konnte, ist bekannt. *Mein Kampf* aber ist das wichtigste und – dafür spricht einiges – erfolgreichste Buch des Nationalsozialismus.

Gewiss ist nicht einfach davon auszugehen, dass die »Wirklichkeit des ›Dritten Reichs‹« aus der Lektüre dieses Textes erfasst werden kann (was ich auch nicht beabsichtige).[20] Doch wie verhält sich Geschriebenes zur Realität? Hat die Lektüre eines Textes unmittelbare Auswirkungen auf die Wirklichkeit? Würden wir – angesichts eines Buches zum Beispiel wie der Bibel – dann nicht schon längst in einer anderen Welt leben müssen? *Mein Kampf* wurde international 167 Millionen Mal verkauft und in 16 Sprachen übersetzt.[21] Dennoch ist es unmöglich, Konsequenzen dieser Zahlen empirisch festzustellen – zumal vielfach – vor allem nach dem Zweiten Weltkrieg – der Einwand geltend gemacht wurde, das Buch sei nicht gelesen worden. Schon Otto Strasser, Nationalsozialist und politischer Gegner Hitlers, hatte das in den Dreißiger- und Vierzigerjahren im Exil behauptet, natürlich um Hitlers Bedeutung zu verkleinern. Es wurden sogar Befragungen durchgeführt, die an Naivität nicht zu übertreffen waren (wer hätte nach 1945 zugegeben, das Buch gelesen zu haben?). Wie Bücher Menschen erreichen, was sie mit ihnen anrichten und was nicht, entzieht sich objektivierender Erkenntnis.

Entscheidend für eine Auseinandersetzung mit *Mein Kampf* ist heute die seit 2016 existierende monumentale kritische Edition des Textes, die im Auftrag des Instituts für Zeitgeschichte in München und Berlin realisiert und veröffentlicht worden ist. Besorgten sich Interessierte bis dahin Originalausgaben, welche die dem Buch aufgrund des Nachdruckverbots anhaftende Aura des Verbotenen noch verstärkten, erlaubt sie einen umfassenden Zugang zu dem Buch, das nirgendwo seine Quellen offenlegt, und zeigt, worauf es sich bezieht. Die Edition spürt diese Quellen auf. Es entsteht ein literaturhistorisches Panorama, in dem Hitlers Buch stark an der von ihm selbst reklamierten Einzigartigkeit einbüßt. Und dennoch betonen auch die Herausgeber in der Einleitung: »[U]nter all jenen Ideologen blieb es allein ihm [Hitler] vorbehalten, seine Vorstellungen in einer Weise zu verwirklichen, wie es die Geschichte nur selten zulässt.«[22] Das Buch empfängt dann auch erst dadurch seine ganze Bedeutung, dass Hitler wirklich der wurde, als der er sich im Buch beschreibt: als Politiker und Programmatiker in einer Person, der in seiner Vision nicht zögern wird, eine ganze Welt mit Krieg zu überziehen und ein Volk zu vernichten. Vor diesem Hintergrund ist die ungemein genaue kritische Herausgabe des Buches für den oder die, der oder die sich mit ihm beschäftigen will, unverzichtbar.

Joachim C. Fest, Autor einer immer noch wichtigen Hitler-Biografie, hat sich kritisch zum Stil geäußert und zugleich festgehalten, dass »sich in dem Buch [...] scharfsinnige Überlegungen«[23] befinden. »Nicht selten« gebe es »treffende Formulierungen oder eindrucksvolle Bilder«. Es seien »die widersprüchlichen und sperrigen Züge, die das Werk vor allem« kennzeichneten. Eine stilistische Beurteilung von Büchern ist immer problematisch, was nicht heißen soll, dass der Stil beim Schreiben wie bei der Lektüre keine Rolle spielt. Der Stil des Buches kündigt sich immerhin schon im Titel *Mein Kampf* an. Ich werde darauf zurückkommen.

*

Wäre es dementsprechend möglich, dem noch Ungedachten des Nationalsozialismus mittels einer Lektüre von *Mein Kampf* auf die Spur zu kommen? Es ist zu bezweifeln, dass Derrida an diese Möglichkeit gedacht hat. Trotzdem liegt sie nahe. Wer der Weltanschauung des Nationalsozialismus begegnen möchte, muss selbst dann *Mein Kampf* zur Kenntnis nehmen, wenn auch die »Wirklichkeit des ›Dritten Reichs‹« nicht darin zu finden sein sollte; was ich mindestens insofern bezweifle, als diese Wirklichkeit sich aus vielen Kontinuitäten und Diskontinuitäten speiste, von denen eine gewiss auch *Mein Kampf* war. Dass der Autor dieser Weltanschauung ihr eigenes Alleinstellungsmerkmal ist, dass der Name sie signiert und ihren Anspruch mit diesem Akt legitimiert, gehört zur Lektüre.

Die Politologin Barbara Zehnpfennig betont in ihrer intensiven Auslegung von *Mein Kampf*, es sei deutlich, dass »die Philosophen die direkte Auseinandersetzung mit Hitlers Denken verweigert haben«.[24] Dabei denkt sie vermutlich einerseits an die Philosophen und Philosophinnen aus der Zeit des Nationalsozialismus selbst. Denn obwohl zum Beispiel Heidegger und Schmitt Hitlers Buch gelesen haben, gibt es zumindest bei Heidegger kaum eine konkrete Bezugnahme auf Hitler'sche Gedanken.[25] Heidegger war einem eigenen Entwurf des Nationalsozialismus auf der Spur, eine philosophische Lektüre des Buches hätte das nur behindert.

Allerdings hat sich Heidegger selbst 1933 verstärkt mit dem Projekt einer philosophischen Aneignung des Nationalsozialismus auseinandergesetzt, wobei die sogenannte »Rektoratsrede« vielleicht das rundeste Resultat dieses Projekts darstellt. Und auch in den »Schwarzen Heften« jener Zeit finden sich Überlegungen zum Thema. Auffällig dabei ist, dass antisemitische Äußerungen in diesen Heften erst auftauchen, als Heidegger sich vom Nationalsozialismus philosophisch zu distanzieren beginnt. Inwiefern also die Charakterisierung »antisemitisch« berechtigt oder unberechtigt ist, wird eine Frage bleiben.[26]

Andererseits denkt Zehnpfennig wohl besonders an jene Philosophen und Philosophinnen, die nach den Katastrophen von Weltkrieg und Genozid die unmittelbare Berührung mit der Weltanschauung und ihren Manifestationen in Texten vermieden haben. Auf einige, die sich philosophisch mit dem Nationalsozialismus beschäftigt haben, habe ich bereits hingewiesen. Doch niemand von diesen Denkern und Denkerinnen ist auf die Idee gekommen, *Mein Kampf* genauer zu lesen und zu deuten. Warum aber haben Philosophen und Philosophinnen bis heute »die direkte Auseinandersetzung mit Hitlers Denken verweigert«?

Die Frage betrifft meine eigene Entscheidung, diese »Auseinandersetzung« in einer Lektüre von *Mein Kampf* zu suchen. Gerade in einer Zeit, in der politisch und moralisch interpretierbare Äußerungen sehr genau beobachtet und geahndet werden, ist eine solche Selbstklärung unausweichlich. Missverständnisse müssen – so weit wie möglich – ausgeschlossen werden. Und selbst wenn es nicht diese womöglich sogar berechtigte neo-moralische Aufrüstung unserer Zeit gäbe, wäre die Frage, warum Philosophen und Philosophinnen bisher *Mein Kampf* aus dem Weg gegangen sind, selbst eine philosophische, eine die Philosophie betreffende Frage.

Antworten können natürlich nur vermutungsweise angestellt werden. Eine lautet folgendermaßen: *Mein Kampf* ist ein toxisches Machwerk eines Dilettanten, das die Philosophie, diese Liebe zur Weisheit, kontaminiert. Alles, was mit zu den größten Katastrophen mindestens der deutschen und jüdischen Geschichte gehört, was daran mitbeteiligt war, darf mit der nach dem Guten, Wahren und Schönen fragenden und strebenden Philosophie nicht in Berührung kommen; ganz zu schweigen davon, dass nach Möglichkeit niemand sich davon »beeinflussen« lassen sollte.

Seit den Anfängen der Philosophie ist das Böse als eine Beraubung des Guten (»privatio boni«, Augustinus) verstanden worden, als das lediglich weniger Gute, der Hass ist nur Mangel an Liebe. Das impliziert, dass der normale Zustand des Menschen als übel oder böse gedacht werden konnte, beherrscht von der Sünde. Auch die vorchristliche Philosophie hielt das Leben der vielen für schlecht, das heißt für affektbeladen und triebgeleitet. Die Philosophie demgegenüber war der Weg zum Guten – warum sollte sie denken, sie selbst könnte böse sein?

Das setzte sich im Selbstverständnis der Philosophie als Wissenschaft fort. Abgesehen davon, dass die Geschichte ihres Begriffs großen Brüchen ausgesetzt war und ist, konnte auch diese im weitesten Sinne der Vernunft verpflichtete Denkhaltung bis heute kaum ein Problem in ihrer Selbstdeutung entdecken. Zwar gibt es hinsichtlich der Wissenschaft vor allem von außen betrachtet eine gewisse Reserve – hat die Atomphysik nicht auch die Atombombe erfunden? Doch es gehört zum Image der Wissenschaft wie der Philosophie, dass sie prinzipiell an der Besserung und Verbesserung des Menschen arbeiten.

Heute kommt hinzu, dass uns selbst noch das Bewusstsein einer grundsätzlichen Schlechtheit abhandengekommen und durch einen wie auch immer motivierten Fortschrittsoptimismus ersetzt worden ist. Die Entchristlichung der Welt hat das Verschwinden des Sünders und der Sünderin zur Folge. Sünde ist heute nur eine religiöse Hypothese, für die allermeisten eine inakzeptable Vorstellung; jedenfalls gibt es wohl kaum noch Subjekte, die ihr Leben vom Sündenfall her interpretieren. Hannah Arendt sagte einmal, dass die Shoah nicht geschehen wäre, wenn die »Leute noch an Gott oder vielmehr an die Hölle geglaubt hätten«.[27] Ein solcher Glaube ist Vergangenheit. Der Philosoph und die Philosophin der Gegenwart sind ein je durch und durch aufgeklärter Geist, der die Ideale von Selbstbestimmung und Verantwortung vertritt – eine Berührung mit einem Text wie *Mein Kampf* scheint für diesen Geist keinerlei Notwendigkeit zu haben.

Dagegen ist zunächst einzuwenden, dass Hitlers Weltanschauung nicht aus dem Nichts entstanden ist. Wie Derrida gegenüber Eribon angedeutet hat, speist sie sich vielmehr aus geistesgeschichtlichen Quellen, zu denen auch die Philosophie gehört. So hat schon der auf Kant zurückgehende Begriff der »Weltanschauung« zuerst in der Philosophie Karriere gemacht, bevor er sich dann bis zur Unkenntlichkeit in den intellektuellen Diskursen des ausgehenden 19. Jahrhunderts zerstreute. Aber auch ein Begriff wie der der »Rassenwissenschaft«[28] verweist wissenschaftshistorisch auf das 18. Jahrhundert und die Aufklärung als seinen Ursprung. Hitlers Vorstellungen von »Rasse« gehören in eine Geschichte, an der die Philosophie beteiligt ist.

Denkt man außerdem an die deutsche Philosophie des 18. und 19. Jahrhunderts, die durchgehend mit dem Antisemitismus oder Antijudaismus kokettierte, die allzu oft in ihrem Totalitätsanspruch im Denken ein Alles oder Nichts dekretierte[29] und zudem an einen philosophischen Sonderweg der Deutschen glaubte, dann hat die Philosophie eine Verantwortung, sich mit der Weltanschauung des Nationalsozialismus auseinanderzusetzen.

Diese Verantwortung entspringt jedoch keineswegs einem schlechten Gewissen, einem Schuldbewusstsein in dem Sinne, dass die deutsche Philosophie etwa Schuld hätte an der Shoah oder auch »nur« am Weltkrieg. Die Verantwortung lässt sich anders begründen. Dass seit Platon alles denkbar Schlechte in philosophische Texte eingegangen ist – beim späten Nietzsche finden sich Sätze, die mindestens so grausam sind wie das, was in *Mein Kampf* steht –, macht sie nicht verantwortlich für Genozide, die Ideologen planten und exekutierten. Doch eben aufgrund dieser tiefen Verbindung auch mit dem Üblen des Menschen kann die Philosophie nicht so tun, als wäre ihr der katastrophale Charakterzug des Menschen fremd, als würde sie sich an etwas Toxischem vergiften können, das sich nicht schon längst in ihr selbst befindet.

Denn: Gibt es ein Gift im menschlichen Denken und Handeln, dann wirkt dieses Gift auch in der Philosophie und in der Wissenschaft. Kant spricht angesichts des zumeist verborgenen Hasses im Menschen vom »radikal Bösen«, einem Bösen, dass in der Natur des Menschen »gleichsam gewurzelt« sei,[30] das demnach nicht je und je auftauche, sondern zum Menschen als solchem gehöre. Zu meinen, die Philosophie sei vor diesem Bösen gefeit, nur weil sie es reflektieren kann, ist naiv. Gerade die Betonung ihrer Selbstmächtigkeit muss ihr als der von Kant thematisierte »Hang zum Bösen« ausgelegt werden, spricht er doch von einer »Umkehrung der Triebfedern« (B 34), nach der die »Selbstliebe« des Subjekts nur scheinbar, »geheuchelt« (B 46), vor dem »moralischen Gesetz« zurücktrete, indem es eine für die Öffentlichkeit weit sichtbare, scheinbar gute und ehrwürdige Sache repräsentiere. Diese »*Verkehrtheit* des Herzens« (B 36), das grundlos Böse (B 47), bewohnt auch die Philosophie und ihre idealisierte Liebe zur Weisheit – denn will man ernsthaft behaupten, die Hass-Ideologen und -Ideologinnen wüssten von ihrer Bosheit? Muss man nicht im Gegenteil sich eingestehen, dass sie meinten, mit ihren Weltanschauungen die Menschheit zu retten? Insofern also Philosophen und Philosophinnen durch ihre Ablehnung »böser« Texte und Gedanken von der Öffentlichkeit vor allem als Weisheitsliebende gefeiert werden wollen, betreiben sie selber jene »Umkehrung der Triebfedern«, die das »radikal Böse« kennzeichnet.

(Es wäre jedoch zu fragen, ob diese Form des Bösen ebenso die von Hitlers *Mein Kampf* ist. Denn es ist nachgerade erstaunlich, wie wenig sich der Autor in seinem Text verstellt und versteckt. Der Hass spricht sich ganz ungefiltert aus. Ist das Böse des Nationalsozialismus daher vielmehr der nackte

Hass als nur eine Perversion des moralischen Handelns? Vielleicht. Wichtig wäre, darüber nachzudenken, ob nicht eigentlich im Hass ein Böses liegt, das Kant mit seiner am Sündenfall orientierten Form des Bösen nicht erreicht. Damit wäre zu fragen, ob in *Mein Kampf* und der Philosophie dasselbe Böse anwesend ist; es wäre zu fragen, wie Kants »radikal Böses« mit dem Hass zusammenhängt.)

Den philosophischen Narzissmus jedenfalls hatte Platon für die Sophisten reserviert. Sie seien es, die sich wie denkende Pfauen (und Pfauinnen) über die Agora bewegten und lässig ihre logischen Tricks präsentierten. Doch Platons berechtigte Diffamierung ist verräterisch. Gehört diese Verworfenheit des öffentlich philosophierenden Subjekts nicht allgemein zur Philosophie? Reicht sie nicht sogar hinein bis in ihre akademische Institutionalisierung? Dass es Philosophen und Philosophinnen um die Sache und um nichts als die Sache geht, ist ohnehin mehr als fraglich. Sie sonnen sich in ihrem Wissen oder in dem, was sie für ihr Wissen halten. Sie sind stolz, von Dingen zu reden, die nur sie ermessen können. Es geht ihnen wie allen Subjekten primär um sich selbst.

Man kann jedoch nicht ausschließen, dass eine eitle Philosophin im nichtkantischen Sinne Gutes bewirkt. Es wäre daher kein besonders kritischer Gedanke, Philosophen ihre Selbstliebe vorzuhalten. Wenn eine selbstverliebt Menschen rettet, wird man ihr ihren Stolz lassen. Das wird jedoch am Prinzip nichts ändern: Selbstliebe bleibt die Voraussetzung eines Bösen, das sich schließlich als bloßer Hass äußern wird.

Fichte, der Lehrer eines Philosophen, der 1816 die Vernichtung der Juden forderte, hatte schon 1793 das »Judenthum« als einen »mächtige[n] und feindselig gesinnte[n] Staat« bezeichnet, »der mit allen übrigen im beständigen Kriege« stehe. Dieser »Staat« sei »auf dem Haß des ganzen menschlichen Geschlechtes aufgebaut«.[31] Der Philosoph selbst möchte sich von diesem Hass ausnehmen, indem er den Juden »Menschenrechte« zugesteht, »denn sie *sind* Menschen, und ihre Ungerechtigkeit berechtigt uns nicht, ihnen gleich zu werden«. Mit den »Bürgerrechten« sei es allerdings anders. Da sehe Fichte »kein Mittel, als das, in einer Nacht ihnen allen die Köpfe abzuschneiden, und andere aufzusetzen, in denen auch nicht eine jüdische Idee sey«. Man müsse sich »vor ihnen [...] schützen«, »ihnen ihr gelobtes Land [...] erobern, und sie alle dahin [...] schicken«. Er selbst habe übrigens »mehrmals Juden, die man neckte, mit eigner Gefahr und zu eignem Nachtheil in Schutz genommen«.[32] Man sieht, wie Fichte vor der Öffentlichkeit erscheinen will und dabei den Hass reproduziert – der philosophische Narzissmus erweist sich als Ausdruck eines Krieges, in dem der Untergang des und der anderen nicht nur von brillanten Reden begleitet, sondern mindestens bestätigt wird.

Ist es womöglich dieser radikal böse philosophische Narzissmus, der Philosophen und Philosophinnen davon abhält, einen Text wie *Mein Kampf* ernst zu nehmen? Dann wäre Nietzsches rhetorische Frage erst recht zu bedenken: »Erschiene die Weisheit vielleicht auf Erden als Rabe, den ein kleiner Geruch von Aas begeistert?«[33] Seit Platon hat sich die Weisheit an allem möglichem Bösen berauscht. Niedergang und Verfall hat sie wie den Todesvogel derartig angezogen, dass sie selbst nur mit noch mehr Niedergang und Verfall darauf zu reagieren vermochte. Seltsame Bewegung des Denkens: nämlich noch in der Reflexion des Bösen, des Verfalls, des Todes dem Reflektierten unterliegen zu müssen. Was wäre Platons Erfindung der Eugenik anderes als eine Übertreibung dessen, was sie gerade verhindern wollte? Vor dem Unglück eines missgestalteten Säuglings erfindet sie seine unmittelbare Ermordung.

Möglich also, dass der Wappenvogel der Philosophie nicht die Hegel'sche Eule, sondern der nietzscheanische Rabe ist. Jedenfalls ist die Vorstellung einer »reinen« Philosophie, die sich nicht am Bösen der Welt beteiligt, verlogen und damit böse; sie sollte aufgegeben werden. Das Übel macht vor dem philosophischen Denken nicht halt, keine Reflexion kann es kontrollieren und bannen. Schon ein reines Gewissen wäre problematisch genug. Doch die Verstrickungen der Philosophie in eine Geschichte, in der auch ein Nationalsozialismus möglich war (oder noch ist), gehen ohne Zweifel über die Naivität eines guten Gewissens hinaus.

*

In der berühmten Widmung seines Buches *Jenseits des Seins oder anders als Sein geschieht* spricht Levinas vom »Hass des anderen Menschen« (»la haine de l'autre homme«), von den Opfern dieses Hasses, des Antisemitismus. *Mein Kampf* ist ohne Zweifel ein Buch des Hasses und der Gewalt, und das ist es ganz unverblümt: Hitler trägt sein Hass-Herz sozusagen auf der Zunge. Das hat zu der Bemerkung geführt, dass man eigentlich alles noch Kommende schon hätte durch eine Lektüre des Buches wissen können. Aber der Hass, der sich in diesem Buch ausdrückt, ist nicht Hitlers allein. Er reicht womöglich tiefer in das Leben der Gesellschaften, als wir auf den ersten Blick zuzugeben bereit sind.

Was ist Hass? Vielleicht zuerst der Wunsch zur Vernichtung. Die Frage ist, wo und warum er entspringt. Es gibt Hass, der einer Verletzung entstammt, der aus Traurigkeit kommt, der sich überlegen oder unterlegen fühlt. Da der Hass auch ein Affekt ist, oszilliert er in allen drei Farben: Der Traumatisierte wird schnell zum Größenwahnsinnigen. Der scheinbar Souveräne lässt den anderen untergehen, indem er ihn im Kampf ums Dasein, um den »Platz an der Sonne« (Levinas), vernichtet. Können sich Philosophen und Philosophinnen auch nur in der Begegnung mit sich selbst diesem Kampf entziehen?

Ob der Hass dadurch zu besiegen ist, dass man ihn reflektiert, ist eine Frage, die sich schon durch meine Ausführungen über das Böse in der Philosophie erledigt hat. Was man von *Mein Kampf*, einem der brutalsten Eingriffe des Hasses in die Geschichte des 20. Jahrhunderts, diesem Plan, den Hass zur Organisation des Lebens zu erheben, erfahren kann, ist, dass der Hass und das Böse selbst als reflexive Denkfiguren zu erscheinen vermögen. Gegen das Böse anzudenken ist nur dann sinnvoll, wenn man die Texte verlässt, die Diskurse unterbricht, und sich den anderen in ihren Leben *sans phrase* zuwendet. Doch es hat den Anschein, dass diese Zuwendung sehr viel schwächer ist als der Hass. Denn es gibt einen Krieg, dem wir anscheinend nicht entkommen können. Und die größten Katastrophen der Menschheit ereignen sich, wenn sie diesen Krieg jenseits der brüchigen Friedensverträge, die wir aushandeln und die ihn meistens unterdrücken, ohne ihn zu beherrschen, entfesseln.

*

»Die Wesensfolge der *Subjektivität* ist der Nationalismus der Völker und der Sozialismus des Volkes«, schreibt Heidegger.[34] Wenn man das anders sagt, wird es anschaulicher. Dass der Mensch ein Subjekt ist, dass er sich als ein solches selbst denkt und in dieser Reflexivität seine Krone glänzen soll, dass er ein »Ich«, ein »Selbst« sein will, das nach Macht strebt, ist eine Voraussetzung für die politische Durchsetzung der nationalsozialistischen Weltanschauung. Und das ist auch das, was man Identitätspolitik nennen könnte.

Hitlers *Mein Kampf* ist in vielfacher Hinsicht ein identitätspolitischer Diskurs. Schon dass sich der Text als umfassende Reflexion oder Selbstverständigung seines Autors präsentiert, dass es Hitler um den einzigartigen Hitler als Repräsentanten kollektiver Nöte und Wünsche geht, betont die Identität des Nationalsozialisten und Nationalsozialismus im politischen Kontext, ja, begründet diese überhaupt erst. Dabei ist davon auszugehen, dass der Autor bewusst auf einem Bedeutungsfeld operierte, das sich aus den wesentlichen identitätspolitischen Positionen der deutschen Geschichte zusammensetzte.

Die Identitätspolitik entsteht in Europa um die Wende zum 19. Jahrhundert. Aus romantischen und idealistischen Quellen, aber auch indirekt aus anthropologischen Kontexten, steigt in dieser Zeit ein Nationalismus herauf, der sich auf eine Identität beruft, die an das anknüpft, was Hegel »Volksgeist« nennt. Das schärft sich in Deutschland in den napoleonischen Befreiungskriegen. Fichte hält die »Reden an die deutsche Nation« und liefert damit das philosophische Fundament für eine deutsche Identität, in der die Philosophie scheinbar die ersten Ideen liefert. Die Deutschen werden so das »Volk der Dichter und Denker« – jedenfalls aus Sicht der Dichter und Denker.

Die Denkfigur, dass ein Subjekt – sei es ein Volk, eine »Rasse« oder ein Geschlecht – von einer einzigartigen Identität charakterisiert werde und aus dieser Identität politische Ansprüche ableiten könne, ist die Voraussetzung für jede Identitätspolitik bis heute. Nicht notwendig, doch faktisch oft anzutreffen, ist dann auch der Gedanke, dass dieses Subjekt diskriminiert werde oder sich jedenfalls so fühlt. Dabei ist die Grenze zum Ressentiment manchmal schwer zu bestimmen. Leichter ist es da, zu sehen, dass Diskriminierungen Ressentiments triggern. Dann legt Identitätspolitik Abgrenzung gegen andere Identitäten nahe. Abgrenzung aber ist immer eine Negation, ein Absprechen von etwas. Daher basiert Identitätspolitik auf dem Konflikt.

Im Hintergrund aktueller identitätspolitischer Konzepte steht eine Diskriminierungserfahrung, an deren Stelle Hitler nicht nur die Niederlage im Weltkrieg rücken sollte. Vielfach wird von Historikern und Historikerinnen Hitlers schwierige Kindheit betont. Dann sein sozialer Absturz in Wien. Im gewöhnlichen Miteinander soll er anstrengend gewesen sein, zum Monologisieren neigend. Auch sein Verhältnis zu Frauen soll alles andere als einfach gewesen sein. Möchte man ernsthaft bezweifeln, dass Hitler mindestens klassistisch, wenn nicht sexistisch diskriminiert wurde?

Das Combahee River Collective, das Mitte der Siebzigerjahre in Boston begann, die Identität von afroamerikanischen lesbischen Feministinnen zu betonen, gilt als eine der Pioniergruppen derzeit verhandelter identitätspolitischer Positionen. Und dem Kontext einer Gemeindepsychologie, die benachteiligte Bevölkerungsgruppen dazu befähigen soll, ihre vorhandenen Rechte selbstbewusst zu betonen, entstammt der vom Soziologen Julian Rappaport konstellierte Begriff des »Empowerments«[35].

»Empowerment« bedeutet in deutscher Übersetzung Ermächtigung, gar Machtergreifung. Das ist zwar missverständlich, weil im Klang dieser Semantik der Hintergrund der Diskriminierung verschwunden ist. Doch mit der Übersetzung offenbart sich ein allgemeines Problem der Identitätspolitik. Der Begriff der Ermächtigung kündigt nämlich an, ein asymmetrisches Machtgefälle durch ein anderes zu ersetzen und damit das eigentliche Problem des Machtgefälles an sich nicht zu berühren. Sollte also einer die deutschen Soldaten im Augenblick jener tief empfundenen Niederlage im Ersten Weltkrieg als diskriminierte Bevölkerungsgruppe des zusammenbrechenden Kaiserreichs betrachten, dann wären die in den Zwanzigerjahren nicht nur von Hitler ausgeübten Angriffe auf die Weimarer Republik als Empowerment zu bezeichnen.

Hitler und die NSDAP waren in dieser Zeit ein kleines Grüppchen von versprengten Außenseitern in München, das niemand ernst nahm. In ihren Augen hatte die Kriegsniederlage das hinter der Sozialdemokratie und dem Marxismus steckende Judentum zu verantworten. Der internationalistische Marxismus bestreite »die Bedeutung von Volkstum und Rasse« und entziehe »der Menschheit damit die Voraussetzung ihres Bestehens und ihrer Kultur«, schreibt Hitler.[36] Kulturelle Identität bildet sich demnach für ihn durch »Volkstum und Rasse«, durchs Deutschsein und durch den »Arier«. Den Juden spricht er mit diesem Zitat die Kultur ab, doch durch »Volkstum und Rasse« stellt auch das Judentum eine Identität dar – eine, die vernichtet werden müsse.

Erstaunlich an Hitlers Identitätspolitik wie auch an ihrer Herkunft aus idealistischen Quellen ist, dass sie sich mit Pflichterfüllung und Soldatentum, Gehorsam und Ordnungsgeist gereimt hat. Und wirklich ist zu fragen, inwiefern die kollektiven Bestimmungen von Identität nicht auf ein quasi militärisches Subjekt hinauslaufen, auf die Freund/Feind-Unterscheidung, auf Kampf. Denn Differenz erscheint der politisch markierten Identität stets nur im Schatten der Macht, das heißt als eine Differenz, die im Kampf um die Macht aufzuheben ist. Das widerspricht im Kern einer pluralistischen Gesellschaftsauffasssung, die die Differenz als strukturierendes Prinzip geradezu begrüßen muss.

Dass das Subjekt mit sich selbst identisch ist und dass in dieses Selbstverhältnis historische, soziale und biologische Momente einfließen, ist eine Selbstverständlichkeit. Anders ließe sich Individualität gar nicht verstehen. Die Demokratie – vielleicht eher noch die kommende als die existierende – gibt einer solchen Individualität den politischen Raum, in dem es seine Ansprüche formulieren kann. Privilegien müssen ausgeschlossen, wo sie vorhanden sind, zerbrochen werden. Daraus entsteht ein Streitraum, in dem politische Entscheidungen ausgehandelt werden. Politische Forderungen haben so immer auch individuelle Momente. Doch wenn diese selbst schon als solche einen politischen Anspruch platzieren, ohne diesen diskursiv zu vermitteln, werden demokratische Grundsätze verletzt. Niemand hat recht, allein weil er einer bestimmten Nation, einer »Rasse« oder einem Geschlecht angehört, und niemand hat schon deshalb recht, weil er oder sie diskriminiert wird.

Noch eines: Natürlich stellt sich die Wirklichkeit jeder Gesellschaft in historisch-konkreten Machtkonstellationen dar. Es gibt in Wirklichkeit keine gerechte Gesellschaft. Ungerechtigkeit ist ihr strukturell eingeschrieben – worauf ganz am Ende noch einmal einzugehen sein wird. Eine altbekannte Form, solche Machtkonstellationen aufzubrechen, ist die Gewalt der Revolution. In *Mein Kampf* optiert Hitler für sie. Seine Welt war eine des brutalen Kampfes. Unsere Welt ist eine andere. Und dennoch: Vielleicht ist der »old white male«, diese Zielscheiben-Karikatur der aktuellen Identitätspolitik, zu müde geworden, um sich gegen die Gewalt identitätspolitischer Diskurse verteidigen zu wollen. Vielleicht folgt er aber auch einer demokratischen Agenda, die, indem sie sich selbst treu bleibt, jener Gewalt nichts entgegenzusetzen hat.

Mein Kampf. Reflexion und Repetition

> »Die Repetition und Repetierbarkeit
> ist das Wirkliche.«
>
> *Martin Heidegger*

Hitlers Titel *Mein Kampf* für jenes Buch, dass *das* Buch des Nationalsozialismus werden sollte, scheint an Richard Wagners Autobiografie *Mein Leben*[37] angelehnt zu sein. *Mein Kampf/Mein Leben* – das beginnt zu oszillieren. Leben und Kampf gehen eine Verbindung ein; der Grundgedanke des Nationalsozialismus, dass es einen von der Natur verursachten Kampf ums Dasein gebe, kündigt sich an. Zugleich wendet sich der Titel *Mein Kampf* zurück auf das Buch, in dem Hitler nicht nur sein Leben als einen Kampf reflektiert, sondern in dem der Kampf um die politische Herrschaft seine dynamische Form findet.

Mein Kampf ist von Anfang an eine Kampfschrift. Das ist eine banale Feststellung – doch sie bedeutet viel. Schon im kurzen Vorwort macht Hitler darauf aufmerksam, dass er »nicht nur die Ziele unserer Bewegung klarzulegen«, »sondern auch ein Bild der Entwicklung derselben zu zeichnen« beabsichtige;

jener Entwicklung wohlgemerkt, die noch kommen werde: »Aus ihr wird mehr zu lernen sein als aus jeder rein doktrinären Abhandlung.«[38] In *Mein Kampf* geht es nirgendwo um neutrale Erkenntnis. Selbst wo Hitler sich als Denker inszeniert – was allerdings selten vorkommt –, geht es einzig und allein um Kampf. Wenn es Erkenntnis gäbe, hätte sie strategischen oder sogar taktischen Charakter. In *Mein Kampf* geht es einzig und allein um Empowerment.

Ernst Jünger hat ungefähr ein Jahrzehnt später seinen monumentalen Essay *Der Arbeiter* seine »kleine Kampfmaschine«[39] genannt. Auf *Mein Kampf* lässt sich diese Bezeichnung viel besser beziehen. Mag sein, dass diese Charakterisierung Leser und Leserinnen abgestoßen hat und noch abstößt.[40] Es gibt nicht viele populäre Texte, in denen einem so viel Hass und Gewalt begegnet. Doch im politischen Kampf – unter dem man sich in den Zwanzigerjahren natürlich etwas anderes vorgestellt hat als heute – ist auf der Ebene des Wortes alles erlaubt. Und was jenseits des Wortes unerlaubt war, wurde umso mehr betrieben. Hitler schreitet diesen Machtraum virtuos aus.

So zögert er auch nicht, sogleich zu erklären, was er später wiederholen wird – die Repetition hat in *Mein Kampf* eine wichtige, nicht nur rhetorische Funktion: Er wisse, »daß man Menschen weniger durch das geschriebene Wort als vielmehr durch das gesprochene zu gewinnen vermag«.[41] Darum geht es: Nicht nur durch das »gesprochene«, sondern auch »geschriebene Wort« Anhänger und Anhängerinnen zu finden, sie von den Zielen des Nationalsozialismus zu überzeugen. Dafür hat Hitler *Mein Kampf* verfasst, diese Überzeugungsarbeit verrichtet das Buch vom ersten bis zum letzten Buchstaben. Am Ende dieser Überzeugung steht der Nationalsozialist und die Nationalsozialistin.

Die Absage an die »rein doktrinäre Abhandlung« scheint bereits einen Angriff zu enthalten. Der von Hitler bekämpfte Kommunismus oder Bolschewismus bezog sich in hohem Maße auf basale Texte, die nicht nur vorzüglich, sondern ausschließlich theoretische Ansprüche stellten (selbst wenn hinter diesen noch andere, rhetorische Absichten sich versteckten). Marx' *Das Kapital* verfolgt geradezu wissenschaftliche Ideen; seine Lektüre ist eine große intellektuelle Herausforderung, die Hitler übrigens nicht interessierte. Er las das Buch offenbar allein aus strategischen Gründen.[42] Gegen einen besonderen intellektuellen oder gar philosophischen Anspruch setzt sich *Mein Kampf* bewusst ab.

Dieser Absetzung entspricht, was Hitler »Kunst des Lesens« nennt. Auf den ersten Blick teilt er mit, wie er in seiner Wiener Zeit gelesen habe. Tatsächlich ist historisch erwiesen, dass Hitler viel Zeit in öffentlichen Bibliotheken verbracht hat.[43] Den meisten Menschen fehle »die Kunst, im Buche das für sie Wertvolle vom Wertlosen zu sondern, das eine dann im Kopfe zu behalten für immer, das andere, wenn möglich, gar nicht zu sehen, auf jeden Fall aber nicht als zwecklosen Ballast mitzuschleppen«. Denn das Lesen sei »ja nicht Selbstzweck, sondern Mittel zu einem solchen«.[44]

Doch die autobiografische Mitteilung ist nur ein Vorwand. Es geht darum, das selektive Lesen einzuüben. Dass *Mein Kampf* seinen Lesern und Leserinnen das abnehmen will, bezeugen die vielen und langen gesperrten Passagen, die schlagwortartig das Wesentliche einhämmern sollen. Vorausgesetzt wird dabei, dass die Leser im Großen und Ganzen schon wissen, was sie erwartet. Sie sollen nur das »Mosaiksteinchen in dem allgemeinen Weltbilde«[45] finden und es in die schon bestehende Weltanschauung einsetzen. Denn es gebe eine »sinngemäße Eingliederung in das immer schon irgendwie vorhandene Bild, das sich die Vorstellung schon irgendwie von dieser oder jener Sache geschaffen«[46] habe. Das setzt einerseits den Besitz der Weltanschauung voraus, andererseits braucht diese noch »Mosaiksteinchen«, um sich zu vollenden.

Dieser Zirkel ist sprechend. Hitler sucht nirgendwo eine Wahrheit, die außerhalb der Weltanschauung liegt. Es geht nicht nur in diesem Fall um die reine Wiederholung, die den Text fundiert. So ist auch Wahrheit kein Kriterium außerhalb der Weltanschauung – welche die eigentliche »Wahrheit« verkörpert. Um diese nachgerade fanatische Fixierung geht es, und jeder, der diesen Zirkel in der Lektüre von *Mein Kampf* nicht voraussetzt, verfehlt seine wichtigste Absicht: den Leser und die Leserin in diesen Zirkel hineinzuziehen.

Dass Hitler sich in dieser Zirkelbewegung für Tatsachen jenseits der Weltanschauung nicht interessiert, dokumentiert seine Bemerkung zu den »Protokollen der Weisen von Zion«, auf die er sich häufiger bezieht. Hitler stellt fest, dass aus der Reaktion der Juden auf die »Protokolle« gerade deren Echtheit zu schließen sei. »Wie sehr das ganze Dasein dieses Volkes auf einer fortlaufenden Lüge beruht«, wird da gesagt, erkenne man daran, dass es behaupte, die »Protokolle« »sollen auf einer Fälschung beruhen«. Hitler folgert: »der beste Beweis dafür, daß sie also echt sind«.[47] Ein Faktum, das der Weltanschauung widerspräche, gibt es nicht. Und wenn es eines gäbe, wäre es eine Bestätigung.

Hitlers Rede vom »Weltbild« ist eine eigentümliche Sprechweise, die Heidegger später in seinem Vortrag »Die Zeit des Weltbildes« deuten wird. »Weltbild« meine nicht ein Bild von der Welt, sondern die Welt als Bild begriffen: »Das Seiende im Ganzen wird jetzt so genommen, daß es erst und nur seiend ist, sofern es durch den vorstellend-herstellenden Menschen gestellt ist.«[48] Insofern der Mensch sich dazu ermächtige, die Welt in einem einzigen Bild zusammenzufassen, stelle er das »Seiende im Ganzen« nach seinem eigenen Willen vor und her. Dieser Wille oder diese Identität ist für Hitler der Nationalsozialismus. Das klingt bei Heidegger so: »Sobald die Welt zum Bilde wird, begreift sich die Stellung des Menschen als Weltanschauung.«[49] Jetzt sei der Mensch als »Subjekt Maß und Mitte des Seienden«.[50] Hitler selbst erhebt sich so zur Wahrheit.

Wenn also dementsprechend das Dasein ein Kampf ist, dann ist es Unsinn, das »Grundsätzliche« dieser Weltanschauung nicht schon als und im Kampf zu präsentieren. Der Kampf ist ja Kern dieser Weltanschauung selbst, die sich konsequenterweise als Kampf – als eine Schrift der Eroberung – darstellt. So gesehen ist der Titel *Mein Kampf* doppelt und dreifach reflexiv: Hitler präsentiert sein eigenes Leben als Kampf, indem die Präsentation allein dem Kampf um die politische Macht dient, dem eben das Leben schon unterworfen ist. *Mein Kampf* richtig zu lesen, ist dann nichts anderes als eine Kampfhandlung, in der man schon weiß, was man sucht und findet. Das leitet sogleich über zu einer weiteren reflexiven Figur.

Mein Kampf besteht aus zwei Bänden. Der erste Band »Eine Abrechnung« stellt Hitlers Autobiografie bis zur »ersten Entwicklungszeit der Nationalsozialistischen Deutschen Arbeiterpartei« dar. Er enthält jedoch nicht nur im engeren Sinne Autobiografisches, sondern an passenden Stellen entscheidende weltanschauliche Orientierungen, so im wichtigen Kapitel »Volk und Rasse«. Der zweite Band präsentiert »Die nationalsozialistische Bewegung« und ihre »Weltanschauung« – obwohl von der natürlich bereits im ersten Band überall die Rede ist. Denn: Wie hätte sich Hitler selbst erzählen können, ohne sich dauernd – ob ausgesprochen oder nicht – auf seine Weltanschauung zu beziehen?

Indem Hitler so sein Leben darstellt, gleichgültig ob der Wahrheit verpflichtet oder nicht, entsteht ein Subjekt, das als der erste Nationalsozialist, sein Prototyp, bezeichnet werden kann.[51] Am Ende des ersten Bandes präsentiert sich der Mensch, der dann aus dem zweiten Band seine weltanschauliche Initiation empfängt. Diese Inszenierung, dass der Nationalsozialismus die Autobiografie seines sich empowernden Begründers voraussetzt, gibt dem Nationalsozialismus sein spezifisches Gepräge. »Hitler« war das

Tor, durch das jeder Mensch, der Nationalsozialist werden wollte, hindurch musste.

Das Buch liefert demnach nicht nur eine Weltanschauung. Es produziert zugleich das Subjekt, das durch diese Weltanschauung authentisch geformt wird, indem es sie selbst hervorbringt. Mehrfach erwähnt Hitler, dass es zu einer »innigen Verschmelzung«[52] von Politiker und Programmatiker kommen, dass »*einer* hervortreten« müsse, »um mit apodiktischer Kraft aus der schwankenden Vorstellungswelt der breiten Masse granitene Grundsätze zu formen«.[53] Dieser Eine, der sich gleichsam eine Welt aus Granit vorstellte, ist der Autor von *Mein Kampf*, wobei wichtig ist, zu wissen, woraus er »hervortritt«; nämlich aus dem, was das wichtigste Ereignis seiner Autobiografie ist.

Das Subjekt des Nationalsozialismus, wie es sich in *Mein Kampf* zur Erscheinung bringt, zeichnet mit dem Namen Hitler. Dieses Zeichnen, ob möglich oder unmöglich, beruft sich auf eine Autorität, die Hitler für sich als Teilnehmer am Ersten Weltkrieg beansprucht. Die Referenz zwischen der Teilnahme am Krieg, vor allem der Erfahrung der Niederlage, und der Legitimation, der Politiker zu sein, der Deutschland in eine goldene Zukunft führen und daher *Mein Kampf* schreiben kann, ist für die Auslegung des Buches von größter Wichtigkeit.

Hitler inszeniert die Begründung dieser Autorität effektvoll mit einer Erzählung am Ende des ersten Bandes. Glaubwürdig schildert er zunächst eine Traumatisierung. Er beschreibt den Augenblick, in dem er vom Waffenstillstand von Compiègne (11. November 1918) hört. Hitler befindet sich zu dieser Zeit als Verwundeter in einem Lazarett in Pasewalk/Pommern: »Mir wurde es unmöglich [...]. Während es mir um die Augen wieder schwarz ward, tastete und taumelte ich zum Schlafsaal zurück, warf mich auf mein Lager und grub den brennenden Kopf in Decke und Kissen.«[54]

Dass von einem Trauma zu reden nicht unberechtigt ist, obwohl natürlich ein psychologischer Befund, wie bei den meisten Traumatisierungen, mit denen wir es zu tun haben, nicht vorliegt, kann vielleicht eine Erinnerung an die existenzielle Bedeutung des Ersten Weltkriegs überhaupt dokumentieren. Max Scheler, einer der führenden deutschen Philosophen zwischen 1910 und 1930, schreibt 1915 in seinem Buch *Der Genius des Krieges* vom Beginn dieses Krieges: »Wir waren nicht mehr, was wir so lange waren: Allein! – Der zerrissene Lebenskontakt zwischen den Reihen: Individuum – Volk – Nation – Welt – Gott wurde mit einem Male wieder geschlossen [...].«[55] Und ambivalent hellsichtig schreibt er weiter: »Ich sehe solche Menschen, die durch das Erlebnis dieses Krieges völlig konsterniert sind und wie vor einer Welt stehen, die sie als dieselbe nicht wiederzuerkennen vermögen. Sie sind wie mitten entzweigeschnitten und sehen schon jetzt, daß sie nach dem Kriege, wie immer er ausgehen möge – zur ›alten‹, zur ›damaligen‹ Generation gehören werden. Sie wurden an einem Tage 20 Jahre älter und müssen mit Grausen Ideen, Beschäftigungen, Ziele, begonnene Werke plötzlich als ›Vergangenheit‹ sehen lernen, die sie eben noch für blaueste Zukunft hielten.«[56] Der Krieg war nicht nur im Großen und Ganzen betrachtet ein epochaler Bruch, er war es auch in den jeweiligen Existenzen. Allerdings gehörte die Generation der Soldaten, die in ihm kämpften, nur insofern zum alten Eisen, als auch die Zukunft aus Eisen bestand. Hitler war einer jener »entzweigeschnittenen Menschen«, die aus der Niederlage ungeheuerliche Energien bezogen.

Später, 1927, sollte Ernst Jünger, den Hitler wegen seiner Kriegstagebücher aus dem Ersten Weltkrieg bewunderte, über den »Sinn der im Kriege gebrachten Opfer«[57] nachdenken. Jünger, der gewiss ebenso an der Niederlage gelitten hat, zog zwar niemals jene Konsequenzen aus ihr wie Hitler. Und doch war auch Jünger davon überzeugt, dass das »Blut der Gefallenen« das »beste Symbol« des »inneren Kampfes« sei. In ihm verkörpere sich alles, »was war, sein wird und ist«. »Im Blut der Krieger« sei ein »schöpferisches Prinzip wirksam«.[58] Die Opfer konnten nicht umsonst gewesen sein, das musste die Zukunft zeigen – und sie zeigte es …

Hitler beschreibt geradezu offenherzig die Zeit nach der Niederlage: »Was folgte, waren entsetzliche Tage und noch bösere Nächte – ich wußte, daß alles verloren war. Auf die Gnade des Feindes zu hoffen, konnten höchstens Narren fertigbringen oder – Lügner und Verbrecher. In diesen Nächten wuchs mir der Haß, der Haß gegen die Urheber dieser Tat.«[59] Dieser Hass fand sehr schnell sein Objekt. Am 9. November 1918 hatte der Sozialdemokrat Philipp Scheidemann in Berlin spontan die Republik ausgerufen. Dem waren Matrosenaufstände in Norddeutschland, die sich gegen eine drohende, sinnlose Offensive in Richtung der Grand Fleet der Engländer wendeten, vorausgegangen. Man habe »auch in diesen Schicksalstagen den inneren Feind nicht erkannt«.[60] Für Hitler konnte nur »der Jude« hinter all dem stehen.[61]

Und so schließt das siebente Kapitel »Die Revolution« von *Mein Kampf* mit den im »Dritten Reich« berühmten Worten: »Mit dem Juden gibt es kein Paktieren, sondern nur das harte Entweder – Oder. / Ich aber beschloß nun, Politiker zu werden.«[62] Die Motivation wird zur Legitimation, das Trauma und der Hass begründen den Entschluss, Politiker zu werden; sie begründen überhaupt die Politik, die aus diesem Entschluss folgen sollte.

*

Hitler behauptet in *Mein Kampf*, sein Antisemitismus hätte sich in seiner Wiener Zeit, in den Jahren vor dem Weltkrieg, herausgebildet. Dieser Darstellung hat als Erste Brigitte Hamann in ihrer kulturhistorisch großartigen Studie *Hitlers Wien* widersprochen.[63] Was den hasserfüllten Antisemitismus betrifft, gibt es in den von Hitler selbst sogenannten »Wiener Lehr- und Leidensjahren« keine Spur. Im Juni 1908 ergreift Hitler im Streit um den Wagner-Dirigenten Gustav Mahler sogar für ihn gegen seine antisemitischen Gegner Partei.[64] Auch sonst verkehrt Hitler reibungslos mit Juden, widerspricht sogar antisemitischen Lügen wie denen von jüdischen Ritualmorden.[65] Hamanns Forschungsergebnisse werden heute auch von anderen Historikern und

Historikerinnen bestätigt. Das bedeutet aber oder kann jedenfalls bedeuten, dass das Trauma der Niederlage des Weltkriegs die Quelle von Hitlers exterminatorischem Antisemitismus ist.

Die Subjektivation (Foucault) des Nationalsozialisten in Gestalt von Adolf Hitler entspringt dem Krieg. Der Nationalsozialist ist ein Krieger, und sein Feind ist von Anfang an keine lokalisierbare Armee, keine bestimmte Nation, sondern das nach »*Weltherrschaft*«[66] oder »Weltdiktatur«[67] strebende – hinter allem sich verbergende und es steuernde – Judentum. Diese Unfassbarkeit markiert die Dimension von Hitlers Empowerment. Der Machtanspruch von *Mein Kampf* lautet daher: »*Deutschland wird entweder Weltmacht sein oder überhaupt nicht sein.*«[68] Obwohl Hitler konkret nur davon spricht, dass Deutschland »Lebensraum« im Osten reklamieren müsse, geht es in *Mein Kampf* darum, Deutschland neben den USA, England oder China als »Weltmacht« zu etablieren.

Doch die asymmetrische Redefigur »Weltmacht« und »Weltherrschaft« weist noch auf eine andere, weitere Machtdimension hin. Es geht um die Maximalalternative: entweder Judentum oder Nationalsozialismus, *tertium non datur*. Es geht um die Frage, ob man in einer deutschen oder in einer jüdischen Welt leben will. Darauf beziehen sich selbst kulturkritische Passagen wie die über »Warenhaus und Hotel«.[69] Der Leser und die Leserin fühlen sich dementsprechend von der ersten bis zur letzten Zeile in diesen Kampf gestellt, der selbstverständlich auch ein Kulturkampf ist.

Damit aber ist die reflexive Anlage von *Mein Kampf* immer noch nicht zureichend erfasst. Die dem Diskurs des Buches entspringende Subjektivation muss sich, wenn das Buch als Kampfschrift dienen soll, auf seinen Leser übertragen. Etwas übertrieben kann man sagen, dass Hitlers Kampf auch der des Lesers werden muss. Denn das Sein überhaupt ist Kampf, weshalb seine Begrenzung auf ein einzelnes Individuum nicht zu rechtfertigen wäre. Was Hitler geschehen ist – seine Transformation in *den* Nationalsozialisten –, muss sich auch mit Anderen ereignen.

Ich hatte schon darauf hingewiesen, dass Hitler im Vorwort von *Mein Kampf* betont, »daß man Menschen weniger durch das geschriebene Wort als vielmehr durch das gesprochene zu gewinnen vermag«. Das hat Konsequenzen für den Stil des Werks. Später im Buch wiederholt Hitler noch einmal, dass »alle gewaltigen, weltumwälzenden Ereignisse« »nicht durch geschriebenes, sondern durch das gesprochene Wort herbeigeführt«[70] würden. In der Rede geht es, anders als beim Schreiben, um den unmittelbaren Kontakt mit dem Anderen. Hitler, der Anfang der Zwanzigerjahre bereits wusste, dass er ein talentierter Redner war, konnte im »Mienenspiel«[71] lesen, ob seine Zuhörer und Zuhörerinnen überzeugt waren oder (noch) nicht.

Ein Überzeugungsmittel ist die Wiederholung. Ahne der Redner, daß seine Zuhörer »von der Richtigkeit des Vorgebrachten nicht überzeugt zu sein scheinen«, müsse er es »oft und in immer neuen Beispielen wiederholen«.[72] Die Wiederholung ist eine besondere Form der Reflexion. Sie bezieht sich auf dasselbe, das in der Repetition nicht nur vergegenwärtigt, sondern verfestigt wird. Das bezieht Hitler unmittelbar auf die Propaganda und Reklame, der in *Mein Kampf* mit die interessantesten Passagen gelten. Propaganda sei »nicht dazu da, blasierten Herrchen laufend interessante Abwechslung zu verschaffen, sondern zu überzeugen, und zwar die Masse zu überzeugen«. Diese brauche aber »in ihrer Schwerfälligkeit immer eine bestimmte Zeit, ehe sie auch nur von einer Sache Kenntnis zu nehmen bereit« sei, »und nur einer tausendfachen Wiederholung einfachster Begriffe« werde »sie endlich ihr Gedächtnis schenken«.[73]

Wiederholung ist deshalb nicht nur ein Überzeugungsmittel in Hitlers Reden, sondern das vermutlich auffälligste auch in *Mein Kampf*.[74] Tatsächlich wiederholen sich die relevantesten Ideen – die vermeintliche Verworfenheit des Judentums und damit der Sozialdemokratie und des Kommunismus, der Kampf ums Dasein, die Funktion der Gewalt, die Eugenik – unentwegt. Diese Repetition ist keine stilistische Schwäche, sondern vielmehr ein genau eingesetztes Stilmittel, das den geschriebenen Text der Rede, wie Hitler sie versteht, annähert. Durch die Wiederholung wird das eine, um das es geht, eingepaukt. Sie trainiert gleichsam den Lese-Körper, der sich in den Wiederholungen unbewusst zum Nationalsozialisten und zur Nationalsozialistin stählt.

Hitler hat sich in und mit *Mein Kampf* zur Ikone und zugleich zum Ikonenmaler des Nationalsozialismus gemacht. Dieser Maler malt sich selbst als *den*

Nationalsozialisten. Gewiss war Hitler der »Führer« (oder der »Trommler«) und damit de facto unvergleichbar mit allen Anderen. Doch gerade als dieser »Führer« war er *der* Nationalsozialist, das ikonische Modell des Nationalsozialismus, ohne das der nicht hätte werden können, was er dann geworden ist. Und dazu gehört auch *Mein Kampf*.

Weltanschauung als Waffe

»Weltanschauung« – wird in der zweiten Hälfte des 19. Jahrhunderts zu einer Art von Zauberwort. Wilhelm Dilthey, einer der führenden akademischen Philosophen dieser Zeit, schreibt sogar eine »Weltanschauungslehre«.[75] Houston Stewart Chamberlain wiederum, dieser populäre und durchaus nicht abseitige Autor der *Grundlagen des XIX. Jahrhunderts*, betont in deren Einleitung in Bezug auf die kantische Philosophie, er wolle »das Wort Philosophie in seiner alten, weiten Bedeutung verstanden wissen«, »welche nicht allein die abstrakte Vernunftphilosophie, sondern die Naturphilosophie, die Religionsphilosophie und jedes andere zu der Höhe einer Weltanschauung sich erhebende Denken begriff«.[76] Philosophie wird nicht nur mit Weltanschauung identifiziert, die Erstere scheint erst durch die Letztere ihre eigentliche Bedeutung zu erhalten.

Das Wort taucht zuerst bei Kant auf, in der *Kritik der Urteilskraft*. Dort geht es um die »Idee des Erhabenen«,[77] und zwar um dessen unberechenbare »Größe«. Die »Rührung«, welche die »Idee des Erhabenen« bewirke, könne keiner »mathematischen Schätzung der Größen durch Zahlen« entstammen. Das Erhabene – und noch weniger die Emotion, die es auslöst – könne nicht gemessen werden. Das hört man auch in der Definition des Erhabenen: »Erhaben ist [...] die Natur in derjenigen ihrer Erscheinungen, deren Anschauung die Idee ihrer Unendlichkeit bei sich führt.« Das Unendliche und vor allem seine Idee entziehen sich jeder Taxierung.

Das Unendliche ist keine Erscheinung, keine Anschauung, obwohl wir als »Idee« von der »Unendlichkeit der Natur« sprechen können. Wir müssen es demnach »ohne Widerspruch auch nur denken [...] können«. Dazu haben wir die Möglichkeit, wenn wir das Unendliche »als ein Ganzes« verstehen. Das aber könne nur »ein Vermögen« leisten, »das selbst übersinnlich« sei. Ein solches »Vermögen« sei das »Gemüt«. Das »Gemüt« – diese ganz und gar seltsame Offenheit für das Unsichtbare – könne sich auf eine »Idee eines Noumenons« beziehen, »welches selbst keine Anschauung verstattet, aber doch der Weltanschauung, als bloßer Erscheinung, zum Substrat untergelegt« werde. Dadurch werde »das Unendliche der Sinnenwelt in der reinen intellektuellen Größenschätzung *unter* einem Begriffe [nämlich: Weltanschauung] *ganz* zusammengefaßt«. Damit die Weltanschauung also eine »ganze« Zusammenfassung des Unendlichen sein kann, muss ihr jene »Idee eines Noumenons«, also eines Dings, das nicht sinnlich erscheint, das nur gedacht werden kann, im »Gemüt« beistehen.

Soweit Kants typisch dunkle Erläuterung. Selten hat in der Philosophie ein kaum verstandener, letztlich auch nicht zu klärender Begriff eine solche Karriere hingelegt wie der der »Weltanschauung« – was übrigens nicht gegen, sondern für ihn spricht, allerdings wohl niemals so viel Unglück hervorgebracht hat wie hier. Kant scheint ihn in jener Passage wörtlich zu verstehen: Weltanschauung ist die Anschauung der Welt, was nach ihm eigentlich eine Unmöglichkeit darstellt. Denn die Welt als das Ganze der Natur – das Unendliche – entzieht sich der Anschauung.[78] Das Ganze und Unendliche kann nicht erscheinen. Und doch ist im Anschluss an Kant wohl gerade diese Transgression vom bloß Denkbaren zur Anschauung, diese Unentscheidbarkeit und, ja, Unmöglichkeit, als attraktiv empfunden worden.

*

Wilhelm Dilthey, der heute vielleicht zu Unrecht allein – und selbst da auch nur selten – akademisches Interesse erweckt, hatte 1887, in einem Jahr, in dem sich Nietzsche anschickte, den Verstand zu verlieren, verkündet, dass die »Systeme der Metaphysik gefallen«[79] seien. Die positive Wissenschaft habe ihnen den Rang abgelaufen. Dennoch war Dilthey nicht bereit, die Sinnstiftungen von Religion und Philosophie zu vergessen. Daher erklärte er sie umgehend zu »Weltanschauungen«; eine Entscheidung, die, anders noch als bei Kant, die Frage evoziert, von wo aus Dilthey sie tätigte, und die Diskussionen über die Weltanschauung in den nächsten Jahrzehnten beschäftigen sollte: Ist alles Denken weltanschaulich bestimmt? Auch solches, das definiert, was eine Weltanschauung ist?

Deren »letzte Wurzel« aber sei nach Dilthey »das Leben«.[80] Das »Leben« ist für ihn noch nicht das von

Dionysos erschütterte, nach »Willen zur Macht« strebende, doch zuletzt immer biologischer werdende Leben Nietzsches. Dennoch schreibt er von der zunehmenden »Fremdartigkeit des Lebens«, »indem der Mensch in Gesellschaft und Natur permanenten Kampf, beständige Vernichtung des einen Geschöpfes durch das andere, die Grausamkeit dessen, was in der Natur waltet«,[81] erfahre. Der Darwinismus hatte auch in Diltheys Diskurs ausgestrahlt.

Daher ist es nur konsequent, wenn er erklärt, dass der »Kampf der Weltanschauungen untereinander« »an keinem Hauptpunkt zu einer Entscheidung gelangt« sei. Es sei die »Geschichte«, die »eine Auslese zwischen ihnen« vollziehe, ohne sie zu vernichten. Ihre »großen Typen« stünden »selbstmächtig, unbeweisbar und unzerstörbar nebeneinander aufrecht da«.[82] Die Geschichte als Wissenschaft war es dann auch, in die sich Dilthey als den Ort jenseits der Weltanschauungen zurückzog. Was er als »Weltanschauungslehre« verstand, als eine typologische Betrachtung der in der Geschichte entstehenden und vergehenden Weltanschauungen, konnte die vergangenen Systeme der Hegels und Schellings akademisch ersetzen. Die »Geisteswissenschaft« war erfunden.

*

Als Karl Jaspers und Martin Heidegger begannen, sich mit dem Problem der Weltanschauung zu beschäftigen, war das Wort bereits in aller Munde. Chamberlain, dessen Bestseller die breiteren Diskussionen motivierten, hatte behauptet, es erfasse besser, was »das Wort Philosophie in seiner alten, weiten Bedeutung« sage. Im Kontext auch von Diltheys Erklärungen intensivierte sich für Jaspers und Heidegger die Frage, ob und wie Philosophie und Weltanschauung noch sinnvoll zu unterscheiden seien. Nicht unbedeutend, dass die Weltanschauung des Nationalsozialismus ebenfalls in dieser diskursiven Situation entstand, in der Weltanschauung als die Verheißung der Philosophie galt.

1919 erscheint Karl Jaspers' *Psychologie der Weltanschauungen*, ein Werk, von dem der Autor selbst sagt, dass es »der Zeit des ersten Weltkriegs und der Erschütterung unserer Überlieferung«[83] entstamme; eine bemerkenswerte Feststellung aus späterer Zeit, weil sie das Krisenhafte des Begriffs der Weltanschauung berührt. Und gewiss hatte Jaspers 1954, dem Jahr, aus welchem die Bemerkung stammt, ein anderes Verhältnis zu ihm als 1919. Wie unklar und schillernd der Begriff war, zeigt der Beginn dieses wichtigen Texts:

> »Was ist Weltanschauung? Etwas Ganzes und etwas Universales. Wenn z. B. vom Wissen die Rede ist: nicht einzelnes Fachwissen, sondern das Wissen als eine Ganzheit, als Kosmos. Aber Weltanschauung ist nicht bloß ein Wissen, sondern sie offenbart sich in Wertungen, Lebensgestaltung, Schicksal, in der erlebten Rangordnung der Werte. Oder beides in anderer Ausdrucksweise: wenn wir von Weltanschauungen sprechen, so meinen wir Ideen, das Letzte und das Totale des Menschen, sowohl subjektiv als Erlebnis und Kraft

und Gesinnung, wie objektiv als gegenständlich gestaltete Welt.«[84]

Die Weltanschauung scheint all das leisten zu sollen, was die Philosophie durch die Jahrtausende hindurch tat: ein System des Wissens liefern, praktische Orientierung bieten, ästhetische Gestaltung vorgeben, das ganze Leben imprägnieren. Wie Dilthey aber war Jaspers vor allem daran interessiert, Weltanschauungen zu beschreiben, nicht eine zu schaffen oder sich für eine zu entscheiden. Schließlich bestehe die »Aufgabe, immerfort systematisch zu sein und doch zu versuchen, kein System zur Herrschaft kommen zu lassen«.[85] Mit anderen Worten: Jaspers will als Psychologe neutral bleiben. Was ihn interessiere, sei eine »universale Betrachtung«,[86] das heißt Theorie.

Dass diese Neutralität keine der Weltanschauung selbst sein konnte, deutet Jaspers, nicht anders als Dilthey, in Bezug auf den »*Kampf*« an. Er sei »eine Grundsituation des Lebens«, »*Auslese*«, »*Kampf ums Dasein*«[87] und »*um Macht*«. Dieser »Kampf« sei »zerstörend oder assimilierend«. Schließlich sei er auch ein »*Mittel der Liebe*«. Jaspers lässt keinen Zweifel daran aufkommen, dass er gerade die Form des Kampfes als eines »Ausdrucks eines Prozesses der Intensivierung des Verstehens in der Liebe« favorisiert.[88]

Heidegger las Jaspers' *Psychologie der Weltanschauungen* direkt nach deren Erscheinen und schrieb eine lange Rezension, die zunächst unveröffentlicht blieb und erst 1973 zu Jaspers' achtzigstem Geburtstag erschien.[89] Während sich Heidegger in dieser Rezension nicht ausdrücklich mit dem Begriff der Weltanschauung beschäftigt, sondern mehr mit dem für Jaspers wichtigen Term der »Grenzsituation«, hielt er im sogenannten Kriegsnotsemester 1919 eine Vorlesung zum Thema »Die Idee der Philosophie und das Weltanschauungsproblem«. Der Begriff der »Weltanschauung« hatte sich über Dilthey in der auch vom Neokantianismus geprägten intellektuellen Umgebung Heideggers etabliert. So hatte Heinrich Rickert, einer der Hauptvertreter des Neokantianismus und der sogenannten Wertphilosophie, im Sommersemester 1912 in Freiburg eine Vorlesung zum Thema »Der Darwinismus als Weltanschauung« gehalten.[90] Rickert wurde dann Zweitgutachter von Heideggers Habilitationsschrift und spätestens um 1933 Nationalsozialist; eines der vielen Beispiele dafür, dass eine Verbindung zwischen Kantianismus und Nationalsozialismus keineswegs abwegig war.

Heidegger präsentiert sich in seiner Vorlesung bereits als der Philosoph, der eher Probleme aufzeigt und thematisiert, als dass er sie löst oder als gelöst darstellt. Das »Weltanschauungsproblem« stehe »irgendwie mit der Philosophie im Zusammenhang«. Einmal sei die »Weltanschauung die *immanente Aufgabe* der Philosophie«, sie seien »letztlich *identisch*«, zum anderen sei die »Weltanschauung die *Grenze* der Philosophie«. Als »kritische Wissenschaft« sei Philosophie »*nicht identisch* mit Weltanschauungslehre«.[91]

Die Weltanschauung werde »zum *Problem der Philosophie* in einem ganz neuen Sinne«. Doch das Problem liege nicht in der Weltanschauung, sondern in der Philosophie. Den Widerspruch zwischen beiden will Heidegger mit seinem eigenen Begriff der »Idee der Philosophie als Urwissenschaft«[92] lösen. An diesem Projekt arbeitet er sich dann im Rahmen dieser frühen Vorlesung ab, zwar ohne es zu einem Resultat zu bringen, doch dafür zu einer brauchbareren Definition der Weltanschauung:

> »*Weltanschauung* besteht im Überzeugtsein. Sie sieht eine Rangordnung. Sie erwächst aus einer bestimmten Lebenswelt und setzt von dort aus die Rangordnung der Lebensgebiete. Sie ist kein wissenschaftliches Verhalten.«[93]

Damit erfasst Heidegger einen Aspekt, der für die Zukunft der deutschen Politik von alles bestimmender Bedeutung werden sollte. 1919 war das Jahr, in dem in München eine Räterepublik ausgerufen und von ehemaligen Reichswehr-Soldaten niedergeschlagen wurde. Ein Jahr später gründete sich in derselben Stadt die Nationalsozialistische Deutsche Arbeiterpartei (NSDAP). Die Weimarer Republik sah sich von Anfang an dem Kampf der beiden Weltanschauungen des Kommunismus und Nationalsozialismus ausgesetzt. Sie ging an diesem Kampf zugrunde.

Heideggers ohne Zweifel korrektem Hinweis, die Weltanschauung sei »kein wissenschaftliches Verhalten«, muss etwas hinzugefügt werden. Heidegger meint, dass derjenige, der nach einer Weltanschauung lebt, etwas anderes will, als wissenschaftlich zu forschen. Das hatte schon Kant erläutert: Die Weltanschauung eröffnet ein prinzipiell unsinnliches

Ganzes, zu dem die positive Wissenschaft keinen Zugang hat. Das war der Grund, warum die Philosophie, die auch für Heidegger etwas anderes als ein »wissenschaftliches Verhalten« war, sich plötzlich in der kaum noch gleichberechtigten Konkurrenz zur Weltanschauung befand. Wenn Philosophie keine Wissenschaft ist, wird sie dann nicht selber Weltanschauung? Heidegger zog diese Konsequenz nicht.

*

Für Dilthey, Jaspers und Heidegger ist die Weltanschauung ein Gegenstand ihres Denkens, nicht dieses selbst. Diese Differenz gilt für Hitler nicht mehr. Sein Verständnis von Weltanschauung wird zirkelhaft von seiner Weltanschauung diktiert. Dass er dabei vermeintliche Kontinuitäten zur Herkunft des Begriffs betont, wird deutlich, wenn er die Weltanschauung als »Durchführung einer Idee«[94] bezeichnet. Was nun in seiner Reduktion wie ein musikalischer Begriff aus der Kompositionslehre klingt, betont einen »Idealismus«, der missverstanden werden kann. An einer prominenten Stelle von *Mein Kampf*, nämlich im berüchtigten Kapitel »Volk und Rasse«, die auch Arnold Gehlen in einem Aufsatz von 1935 mit strategischer Absicht zitiert, schreibt Hitler: »Reinster Idealismus deckt sich unbewußt mit tiefster Erkenntnis.«[95]

Das weckt den Anschein, als würde Hitler bewusst an ein idealistisches Denken anknüpfen, als würde zudem seine Weltanschauung aus einem einheitlichen Prinzip hervorgehen und damit geradezu die Voraussetzungen eines philosophischen Systems erfüllen. Wenn Gehlen jenen Satz 1935 in einem Aufsatz mit der Überschrift »Der Idealismus und die Gegenwart« zitiert, scheint er diesen Eindruck zu bestätigen. Gehlen, dessen Verstrickung ins »Dritte Reich« ein eigenes Thema wäre, nähert sich in den Dreißigerjahren der Weltanschauung des Nationalsozialismus immer wieder durch Fichte an, den (antisemitischen?) Founding Father des Deutschen Idealismus.

In *Mein Kampf* hingegen gibt es keine ausdrückliche Bezugnahme auf einen der Philosophen des Deutschen Idealismus. Das bedeutet jedoch nicht, dass es keine Berührung mit ihm gibt. Die Nähe von Hitler zum Deutschen Idealismus besteht vor allem im unironischen Alles-oder-Nichts-Pathos der Schiller-Fichte-Schelling-Hegel-Hölderlin-Texte. Philosophisch im engeren Sinne aber gibt es mit einer Ausnahme, nämlich einem Aspekt in der Auffassung von Geschichte, nichts Gemeinsames.

Hitlers Anspielungen auf die durchzuführende »Idee« oder den »Idealismus« haben vor allem die Bedeutung, sich gegen den dem Judentum als Bolschewismus unterstellten Materialismus abzugrenzen. Der Materialismus fördere den Egoismus, der Idealismus die »Aufopferungsfähigkeit des einzelnen für die Gesamtheit, für seine Mitmenschen«.[96] Der »Instinkt der Erkenntnis«[97] ist demnach alles andere als die Begründung einer idealistischen Denkhaltung. Vielmehr gehorche er unbewusst »der tieferen Notwendigkeit der Erhaltung der Art«. Die »tiefste Erkenntnis« von Hitlers »Idealismus« gilt der Anerkenntnis des »Rassenkampfes«.

Und dennoch bleibt ein Moment in Hitlers Weltanschauung zu berücksichtigen, das an eine Denkfigur im Sinne des Deutschen Idealismus erinnert. So betont Hitler im typisch repetitiven Stil von *Mein Kampf* an anderer Stelle, die »Aufgabe des Programmatikers« der Weltanschauung liege darin, »die Sache als solche klarzulegen« und auf der »prinzipiellen Richtigkeit einer Idee«[98] zu insistieren. Allein aus der »Richtigkeit der Idee« werde sich dann ihre Überlegenheit über andere Weltanschauungen und damit der »Sieg der eigenen Idee«[99] ergeben.

Um diesen Gedanken zu verstehen, muss allerdings die »Idee« der Weltanschauung selbst erläutert werden. Diese besteht vor allem darin, dass es im Kampf ums Dasein darum geht, aus ihm als Sieger hervorzugehen. Die Weltanschauung, für die Hitler einsteht, ist demnach von vornherein eine im Kampf mit anderen Weltanschauungen. Weltanschauung ist in sich Kampfanschauung. Daraus zieht Hitler Konsequenzen. Jede »*Weltanschauung*«, sie möge »*tausendmal richtig und von höchstem Nutzen für die Menschheit sein*«, werde »*so lange für die praktische Ausgestaltung eines Völkerlebens ohne Bedeutung bleiben, bis ihre Grundsätze nicht zum Panier einer Kampfbewegung geworden*« seien, »*die ihrerseits wieder so lange Partei sein*« werde, »*als sich ihr Wirken nicht im Siege ihrer Ideen vollendet*«[100] habe. Für diesen »Angriff« sei dann auch die »Waffe der brutalen Gewalt« nicht nur erlaubt, sondern geradezu notwendig.[101]

Es war Hegel, der die Geschichte als eine »Schlachtbank« bezeichnet hat, »auf welcher das

Glück der Völker, die Weisheit der Staaten und die Tugend der Individuen zum Opfer gebracht worden«[102] seien. Gewiss, der »Endzweck« dieser »Schlachtbank« ist für Hegel das Bewusstsein der Freiheit. Doch seine Realisierung besteht in einem Kampf der Ideen, in dem es gar nicht anders sein kann, als dass die »richtige« gewinnt. Nun war Hegel weder Programmatiker noch Politiker. Als Philosoph blieb er der »Schlachtbank« fern. Hitler hingegen wurde einer ihrer Hauptakteure, und es war ihm bewusst, dass er als der Initiator seiner Weltanschauung auch der Erste sein musste, der an die »Waffe der brutalen Gewalt« zu appellieren hatte.

Anstatt mit seiner Weltanschauung also einen Erkenntnisanspruch zu erheben, verfolgt Hitler von Anfang bis Ende einzig und allein den Kampf, dem der Sieg der Weltanschauung entspringen soll. Und doch gibt es an einer Stelle einen fatalen Brückenschlag; fatal, weil sich in dieser unterstellten Gemeinsamkeit der Weltanschauung mit einer Wissenschaft ihre katastrophale Potenz aufspeichert. Zur Weltanschauung des Nationalsozialismus gehört nämlich die »Rassenkunde« oder, wie Gehlen sagt, die »Rassenwissenschaft« – und weil der Kampf der Weltanschauung und ihrer »Idee« im Grunde ganz und gar der »Rassenkampf« ist, formiert sich in ihrem Machtanspruch das Böse des pseudowissenschaftlich legitimierten Genozids. Damit schreibt sie sich in eine Wissenschaftstradition ein, die bis in die Aufklärung zurückreicht. Hitlers eigene Einstellung zu dieser Tradition war jedoch absurd. Was er vor allem in dem schon erwähnten *Mein Kampf*-Kapitel »Volk und Rasse« dazu sagt, entbehrt selbst noch jener Rationalität, die die »Rassenkunde« – wie ich noch zeigen werde – seit Carl von Linné zu ihrem Leitfaden machte. Dennoch nahm er ihre Tradition entschieden in Anspruch.

*

Für Hitler haben Weltanschauungen gleichsam a priori Kampfcharakter. Die Durchsetzung ihres Machtanspruchs kommt nicht als ein Gewaltmittel noch hinzu, sondern ist bereits Element dessen, was die Weltanschauung zu verkünden hat. Insofern sie keine externe Prüfung ihrer Wahrheit anerkennt – ja vielmehr jeden Anspruch auf eine solche Prüfung als feindselig betrachtet –, bildet sie eine Härte aus, die sie überhaupt zum Prinzip des Lebens erhebt. Besonders im Verhältnis zu anderen Weltanschauungen muss sie sich als stabil und exklusiv erweisen.

Im Kampf der Weltanschauungen gehe es allein um Sieg oder Untergang. Das kennzeichne das Bewusstsein einer »fanatischen Weltanschauung«.[103] Die »Zukunft einer Bewegung« werde »bedingt durch den Fanatismus, ja die Unduldsamkeit, mit der ihre Anhänger sie als die allein richtige vertreten und anderen Gebilden ähnlicher Art gegenüber durchsetzen«[104] würden. Das wird – wie alles Wichtige in *Mein Kampf* – bewusst gebetsmühlenhaft wiederholt. Die »Größe jeder gewaltigen Organisation als Verkörperung einer Idee auf dieser Welt« liege »im religiösen Fanatismus«, indem »sie sich unduldsam gegen alles andere, fanatisch überzeugt vom eigenen Recht«,[105] etabliere. Hitler verweist in dieser Hinsicht auf die »Größe des Christentums«;[106] in dieser Hinsicht meint: in Bezug auf die welthistorische Durchsetzung seiner Idee, nicht der Bedeutung dieser Idee.

Hitler selbst hatte den Vorgang der Selbstfanatisierung schon erfahren. Im autobiografischen Teil des Buches spricht er davon, dass er in Wien »vom schwächlichen Weltbürger zum fanatischen Antisemiten geworden«[107] sei. Wir wissen heute, dass diese Behauptung, die Verwandlung sei in Wien vor sich gegangen, gelogen war. Wichtiger ist, dass Hitler ohne Zweifel einen positiven Begriff von »Fanatismus« propagiert – und dass seine Weltanschauung ohne ihn nicht funktioniert hätte.

Für Hegel ist in religionsphilosophischer Sicht der Fanatismus ein Merkmal der islamischen und jüdischen Religion. Der »*einzelne Zweck*« werde »zum *allgemeinen* erhoben«.[108] Der »*Fanatismus der Hartnäckigkeit*« sei in der »Abstraktion des einen Herrn« fixiert: »Es folgt daraus, daß gegen dieses feste Band *keine Freiheit* vorhanden ist; der Gedanke ist schlechthin gebunden an diese Einheit, die die absolute Autorität ist.«[109] Die Fixierung auf das Eine, das als »absolute Autorität« und daher als Auszeichnung der Fixierung verstanden wird – ist der Fanatismus.

Hannah Arendt hat vom »Fanatismus der Elite« »im Unterschied zum Fanatismus der Parteimitglieder«[110] des Nationalsozialismus gesprochen. Der »ideologische Fanatismus« habe »weniger mit Weltanschauung zu tun, als man gemeinhin« annehme. Die »Elite« sei »darauf abgerichtet, solche argumentativen Unterscheidungen wie die zwischen Richtigkeit und Falschheit oder solche Unterscheidungen der Urteilskraft wie die zwischen Fiktion und Realität gar nicht erst anzustellen«. Koschorke hat das bejaht und von einer »geradezu hysterischen Reflexivität«[111] des Fanatismus gesprochen.

Die »hysterische Reflexivität« des Fanatismus hat allerdings einen sehr eigentümlichen Charakter. Wenn Arendt im Licht einer alten philosophischen Tradition die Reflexivität des Denkens in einer ständigen Hin- und Herbewegung des Urteilens betrachtet, in der sich das Wahre vom Falschen, das Reale vom Fiktiven trennen soll, besteht die Reflexivität des Fanatismus in der ständigen Rückkehr zum Einen, das um jeden Preis über alles andere triumphieren muss. Die fanatische Reflexion ist die Fixierung der Weltanschauung auf und in das Eine in der Immunisierung vor dem Anderen, das am Einen zerschellen muss. Das wird in unermüdlicher Repetition eingeübt. Mit ihr gerät die fanatische Fixierung in eine Gangart, die zum Marschieren übergeht. Das ist der monotone Rhythmus von *Mein Kampf*, der die »Bewegung« einpeitscht.

Hannah Arendts Behauptung, der »ideologische Fanatismus« habe aufgrund dieser Fixierung auf das Eine und seinen Sieg »weniger mit Weltanschauung« zu tun, ist gewagt, entspricht aber ihrer allgemeinen Tendenz, die Weltanschauung als solche stets gegen die »Wahrheit und Wirklichkeit«[112] auszuspielen – und so zu unterschätzen. Daher erkennt sie nicht im Verhältnis zur Weltanschauung, sondern in der »Treue zum Führer« die »größte Tugend« dieses Fanatismus. Er sei der »Talisman, der allein den schließlichen Sieg der Lüge und der fiktiven Ideologie« garantieren könne. Abgesehen davon, dass der »Führer« als die reinste Inkarnation der Weltanschauung erscheint, ist es wichtig zu sehen, dass Weltanschauungen, die politische Machtansprüche erheben, per se fanatisch sein müssen.

Arendt hat natürlich recht: Eine Weltanschauung muss sich im Grunde vor der Differenz zwischen Wahrheit und Lüge bewähren. Hitler weiß das und behauptet, mit seiner Weltanschauung die »absolute[] Wahrheit«[113] zu verkünden. Indem er fanatisch darauf besteht, lässt er die Frage nach der Richtigkeit der Behauptung gar nicht erst aufkommen. Mehr noch: In der Autoimmunisierung seiner Weltanschauung gibt es keine externe Perspektive mehr, die *Mein Kampf* kritisieren könnte. Der Fanatiker einer Weltanschauung fragt schlechthin nicht mehr, ob er die Wahrheit kennt. Allein der Zweifel, ob er die Wahrheit wirklich besitze, wäre bereits ein Verrat an ihr. Weltanschauungen, die einer genauen Befragung ihrer Wahrheiten nicht standhalten würden, müssen daher notwendig fanatisch sein. Und eben hier springt der Hass an, der Motor und die Energie von *Mein Kampf*.

So ist es vielleicht eine Frage des Fanatismus, inwiefern identitätspolitische Positionen mit ihrer Fixierung auf das Eine und Selbe überhaupt noch in einer diskursiven Sphäre auftauchen können oder ob sie diese lediglich zerstören. Indem sie einzig auf Empowerment aus sind, können sie allein ihre Fixiertheit wiederholen. Sie sind gegenüber den Anderen, den sie als Konkurrenten oder ohnehin

Privilegierten identifizieren, nicht nur intolerant, sondern blind und taub. Sie betrachten den Diskursraum der Meinung als eine Sphäre des Kampfes, in dem es zuerst um Macht und ihre Durchsetzung geht.

*

In der Weltanschauung des Nationalsozialismus kam ein von der Philosophie ausgehender Diskurs an ein für die Philosophen vielleicht überraschendes Ende. Im Staat des »Dritten Reichs« entstand mit der auch mehr oder weniger auf die Institutionen übergreifenden Weltanschauung eine Instanz, die sie nicht ignorieren konnten. Nach 1933 begannen im Grunde alle führenden Geisteswissenschaftler, sich der nun offiziellen Lehre anzunähern. Das galt vor allem für den zentralen Begriff der »Rasse«, der vor 1933 kaum einen etablierten Philosophen interessiert hatte. Heidegger, Carl Schmitt, Baeumler, Gehlen und auch Schriftsteller wie Ernst Jünger oder Gottfried Benn begannen, sich kurzzeitig und einigermaßen hilflos über »Rasse« zu äußern.

Nach 1945 kamen sowohl diese kurzfristigen Denkversuche, der gesamte Diskurs über Weltanschauung sowie auch die »Rassenwissenschaft« zu ihrem Ende. Gerade der »Rassen«-Diskurs bildete seit beinahe zwei Jahrhunderten eine Konstante in der abendländischen Wissenschaft. Mit der Shoah und dem Ende des »Dritten Reichs« brach er in sich zusammen. Doch auch von der Weltanschauung war keine Rede mehr – philosophische Begriffsbildung ist manchmal alles andere als kompliziert.

Der Baumeister

»In fernem Land, unnahbar euren Schritten,
liegt eine Burg, die Montsalvat genannt;
ein lichter Tempel stehet dort inmitten,
so kostbar, als auf Erden nichts bekannt.«

Richard Wagner, *Lohengrin*

Hitler stilisiert sich in *Mein Kampf* als Künstler. Er habe »[m]it zwölf Jahren« zum »ersten Male ›Wilhelm Tell‹« gesehen, »wenige Monate darauf als erste Oper meines Lebens ›Lohengrin‹«. Er sei mit »einem Schlage [...] gefesselt« gewesen: »Die jugendliche Begeisterung für den Bayreuther Meister kannte keine Grenzen.«[114] Das sollte so bleiben. Man berichtet von seiner stupenden Wagner-Kenntnis. Gerade den *Lohengrin* soll er in- und auswendig gekannt haben.

Dabei dürfte es kein Zufall sein, dass Hitler die Figuren Wilhelm Tell und Lohengrin nennt. Tell ist der patriotische, vom Volk geliebte Freiheitskämpfer. Der Propagandaminister Goebbels brachte Schillers *Wilhelm Tell* auf den deutschen Bühnen zunächst vielfach zur Aufführung – bis das Stück Anfang der Vierziger Jahre verboten wurde. Die Bedeutung der

Figur hatte sich mit den Jahren gewandelt. Lohengrin wiederum ist der geheimnisvolle Ritter eines Blut-Grals, der Retter, in dem sich, wie noch gezeigt werden wird, Hitler selbst erblickt. In Lohengrin idolisierte er sich selbst. Bekannt ist das Gemälde von Hubert Lanzinger, das, 1935 entstanden, Hitler als gerüsteten Ritter zu Pferde präsentiert, die riesige Hakenkreuzfahne in der rechten Hand. Wie Lohengrin war Hitler erschienen, die schutzlosen Deutschen vor dem Verderben zu retten.

Die Kunst wird in *Mein Kampf* von Anfang an als Alternative zur Politik, erst recht zur institutionalisierten, eingeführt. Vor allem durch Wagners Musik sei er zu der »Überzeugung« gekommen, »daß ich als Beamter niemals glücklich werden würde«.[115] Er wolle »Maler werden und um keine Macht der Welt Beamter«.[116] Diese Ablehnung des Beamtentums ist nicht nur gegen seinen Vater gerichtet, sondern zugleich auch eine Abgrenzung gegen das Establishment, letztlich gegen die Politik. »›Politiker‹« sind für Hitler nämlich jene »Sorte von Menschen, deren einzige wirkliche Gesinnung die Gesinnungslosigkeit ist, gepaart mit frecher Aufdringlichkeit und einer oft schamlos entwickelten Kunst der Lüge«.[117] Das war für Hitler ohne Zweifel das Bild des Politikers der Weimarer Republik. Damit identifizierte er sich nicht. Er war der Gegentyp – und den Gegensatz zum Politiker oder Beamten erkannte Hitler in der Kunst.

Genauer: in der Architektur. Denn es sei »[e]igentümlich« gewesen, »daß mit steigenden Jahren sich immer mehr Interesse für Baukunst einstellte«.[118] An späterer Stelle bestätigt Hitler, dass er nur »wenige[] Tage« in Wien verbringen musste, um zu wissen, »daß ich einst Baumeister werden würde«.[119] Die Bauwerke der Wiener Ringstraße hatten einen solchen Eindruck auf ihn gemacht, dass er selbst einmal solche Gebäude bauen wollte.

Aber auch diese Anekdote hat eine weitere Bedeutung. Denn wie Hegel am Beginn seiner Ausführungen zum »System der einzelnen Künste« zur Architektur schreibt: »›Was ist heilig‹ fragt Goethe einmal in einem Distichon und antwortet: ›Das ist's, was viele Seelen zusammenbindet.‹ In diesem Sinne können wir sagen, das Heilige mit dem Zweck dieses Zusammenhalts und als dieser Zusammenhalt habe den ersten Inhalt der selbständigen Baukunst ausgemacht.«[120]

Der »Baumeister« ist nicht nur der Produzent von repräsentativen Gebäuden, sondern zugleich der Stifter eines »Zusammenhalts«, den man womöglich als »›heilig‹« bezeichnen kann: Bauten schaffen Identität. Der Parthenon-Tempel auf der Akropolis in Athen oder der Eiffelturm in Paris sind gemeinschaftsbildende Zeichen. Als am 11. September 2001 das World Trade Center in Manhattan zerstört wurde, kollabierte beinahe eine ganze Kultur. Hitler wollte Künstler sein, indem er diese gleichsam politische oder sogar religiöse Bedeutung der Architektur als Stifter einer »Weltanschauung« in *Mein Kampf* beanspruchte.

Bauen ist auf besondere Weise eine Gestaltung von Zeit und Raum. Keine andere Kunst bringt derartige Gegenstände hervor wie die Architektur. Sie sind und schaffen nicht nur Raum, sondern manifestieren in ihrer Festigkeit und dem mit ihr zusammenhängenden inneren Ausbau als Gebäude auch Zeit. An einer wichtigen Stelle, an der Hitler »psychologische Bedingungen der Redewirkung« reflektiert, kommt er auf das »Theater« zu sprechen. Sein Besuch sei zeit- und raumabhängig: »Nein, die *Zeit* selbst übt hier eine bestimmte Wirkung aus, genau so wie auf mich der Raum.«[121] Es gebe Räume, die »jeder Erzeugung von Stimmung irgendwie heftigsten Widerstand« entgegensetzten. So werde »eine Parsifalaufführung in Bayreuth stets anders wirken als an irgendeiner anderen Stelle der Welt«.[122]

Das Bauen und die Bauten sollten eine spezifische Zeiterfahrung ermöglichen. Hitler erinnert an das »Charakteristische der antiken Stadt«. Das habe »nicht in den Privatbauten« gelegen, sondern in den »Denkmälern der Allgemeinheit, die nicht für den Augenblick, sondern für die Ewigkeit bestimmt« gewesen seien. Denn in ihnen sollte sich »nicht der Reichtum eines einzelnen Besitzers, sondern die Größe der Bedeutung der Allgemeinheit«[123] widerspiegeln.[124] Die Architektur zog den »Baumeister« an, weil sie die Festigkeit des Ewigen verkörpert. Mit Albert Speer entwickelte er später die sogenannte »Ruinenwerttheorie«, nach der Gebäude von vornherein hinsichtlich ihres Verfalls nach »römischen Vorbildern«[125] geplant werden sollten. Noch als Ruinen sollten sie erhaben sein.

*

Architektur ist, indem sie Zeit und Raum gestaltet, ebenso und in besonderem Maße Gestaltung von »Stimmung«. Dass Wagner – vor allem mit seinem Konzept des »Gesamtkunstwerks« – Hitlers Lehrmeister in der Inszenierung seiner Politik gewesen ist, ist seit Längerem bekannt.[126] Doch sein Lohengrin und seine Gralserzählung sind für Hitler mehr als nur eine Inspiration. Sie bilden für ihn das Vorbild jener Stimmung, in der er nicht nur in *Mein Kampf* ins religiöse Register zu wechseln vermag. Wenn er die »Weisheit der Vorsehung«[127] in seinem Leben beschwört, wenn er die »Göttin der unerbittlichen Rache«[128] sehen will oder an berüchtigter Stelle ausruft: *»Indem ich mich des Juden erwehre, kämpfe ich für das Werk des Herrn«*,[129] entspringt die religiöse Sprache wieder einmal zirkelhaft der Lohengrin-Stimmung, die sie selbst schaffen soll. Religion, wenn sie für Hitler überhaupt eine Bedeutung hatte, wird in *Mein Kampf* – und mehr noch in seinen Reden – zum Bestandstück einer Atmosphäre, in welcher der Baumeister als der einsame und unerkannte Retter erscheinen kann. Religion ist für Hitler Kunst- und Künstler-Religion. Nicht unwahrscheinlich, dass er sich mit dem Grals-Ritter, dessen Name unaussprechbar ist, identifizierte.

Die Frage ist jedoch, wie weit man bei Hitler mit dem Gedanken, dass seine »politischen« Ideen eigentlich ästhetische waren, gehen kann. Der bekannte Historiker Wolfram Pyta schreibt dazu in seinem Hitler-Buch: »Wie kein Zweiter in dem an Terror und Verbrechen wahrlich nicht armen 20. Jahrhundert hat Hitler die Legitimation für seine

Untaten aus einer ästhetischen Aufladung des politisch-militärischen Komplexes hergeleitet.«[130] Dann aber sind Hitlers Äußerungen zur Kunst in *Mein Kampf* gar nicht ernst genug zu nehmen.

Der wichtigste Begriff, den Hitler dem ästhetischen Diskurs des 18. und 19. Jahrhunderts entnimmt, ist der des »Genies«[131] – ein Volk bedürfe der »Genialität eines großen Führers«.[132] Die Eng- und Zusammenführung von Kunst und Genie beginnt in der Renaissance. Zuvor, im Mittelalter, war der Künstler keine relevante Figur. Der Baumeister einer Kathedrale oder der Schnitzer eines Altars (wie Tilman Riemenschneider) waren keine außergewöhnlichen Persönlichkeiten. Kant hatte vielleicht vor dem Hintergrund dieser vorneuzeitlichen Idee in seiner *Kritik der Urteilskraft* Genie noch als eine unpersönliche Kraft bezeichnet, durch welche die Natur der Kunst Regeln vorschreibe.[133] Im Verlauf des 19. Jahrhunderts jedoch wurde der Künstler selbst zum Genie; Ende des Jahrhunderts verkörperten Maler wie Arnold Böcklin, den Hitler sehr schätzte, oder natürlich Richard Wagner das Genie in Reinform. Das Kunstwerk (»Bühnenweihfestspiel«) war jetzt beinahe so etwas wie ein sakraler Gegenstand.

Am Beginn des 20. Jahrhunderts war die Vorstellung vom außergewöhnlichen Subjekt bereits Gemeingut. Nicht nur, dass Gestalten wie Wagner oder auch Nietzsche kultische Bedeutung erlangten. Auch Max Webers Begriff des »Charismas« sorgte – selbst in der akademischen Welt – für eine hohe Akzeptanz der Vorstellung, Extraordinäres könne nur von einem Ausnahme-Menschen – von Begnadeten (*cháris* = Gnade) – geschaffen werden. Weber hatte den Begriff an der Persönlichkeit Stefan Georges orientiert. Seine Herkunft ist nicht religiös, sondern ästhetisch codiert. Ihn auf fiktive Figuren wie Lohengrin zu übertragen, mag für Hitler nahegelegen haben.

Hitler, der sich als verhinderter Architekt inszenierte und offenbar im Architekten Albert Speer eine Art von Alter Ego erkannte, übertrug das »Genie« vor allem auf die Bildung und Darstellung der Weltanschauung. »[A]us dem Heer von oft Millionen Menschen« müsse »*einer* hervortreten, um mit apodiktischer Kraft aus der schwankenden Vorstellungswelt der breiten Masse granitene Grundsätze zu formen«.[134] Die Anspielung auf die Baukunst ist deutlich. Der Stifter der Weltanschauung ist »Baumeister«.[135] Die Weltanschauung wird damit zu etwas wie einem Gedankengebäude, einem Kunstwerk, in dem man lebt. Und wirklich: Wäre eine Weltanschauung unter diesen Voraussetzungen nicht das absolute Kunstwerk – das Montsalvat des Nationalsozialismus? Ist *Mein Kampf* als Weltanschauung ein lebendiges Kunstwerk, insofern, wie bereits behauptet, eine reflexive Figur von *Mein Kampf* darin besteht, mit Hitlers Autobiografie *das* Subjekt der nationalsozialistischen Weltanschauung zu liefern, den Nationalsozialisten schlechthin? Selbst wenn die »Genialität eines großen Führers« die Ausnahme von der nationalsozialistischen Regel ist, verkörpert doch jeder Nationalsozialist und jede Nationalsozialistin den Ursprung der Weltanschauung im Genie. Aus dieser unterstellten Erhabenheit der Weltanschauung hat dann die *»Ästhetisierung der Politik«*[136] ihre Ideen bezogen.

Dazu passt, dass der der Begriff »Weltanschauung« selbst einem ästhetischen Diskurs, nämlich Kants Klärung des »Erhabenen«, entstammt. Dann wäre die Weltanschauung des Nationalsozialismus Quelle und Kriterium jener Welt, die sich Hitler in *Mein Kampf* vorstellt, deren Bild er schafft: »Die Welt als ein sich selbst gebärendes Kunstwerk«[137] – das ist ein Gedanke aus Nietzsches später Zeit. Eine solche Welt braucht keine Politik mehr. Was in ihr geschieht, folgt den ästhetischen Gesetzen einer Vision, in der Menschen keine Rolle mehr spielen. Herrschaft wird zur totalen Architektur, die Baukunst zur totalen Herrschaft. In einer solchen Weltgestaltung verschwindet der Unterschied zwischen Freiheit und Notwendigkeit. Wie in Wagners *Lohengrin* erscheint ein »lichter Tempel«, aus dem alles Leben geflohen ist. *Mein Kampf* ist damit die Weltanschauung dieser weltfernen Unwirklichkeit, Ästhetisierung einer gigantischen Nekropole, in welcher die Ruinen Neubauten sind.

Die Kunst-Politik im engeren Sinne, die Hitler nach dem Empowerment des Nationalsozialismus realisieren sollte, ist Ausdruck von Gewalt (keine Machtergreifung ohne Gewalt). Hitlers Rede auf der Kulturtagung der NSDAP von 1933 stellt sie dar. Es ist eigentlich eine über ihre Weltanschauung. In ihrem Rahmen erscheint dann die Kunst als *»Bestandteil einer Erbmasse«*,[138] das heißt als Ausdruck der »Rasse«, die wiederum nur vom Kontext der Weltanschauung her verstanden werden kann, wenn es noch um »Verstehen« gehen soll.

So »*rassisch*«[139] determiniert ist die Kunst ein Element der nationalen Kultur. Die »Meinung, daß in materiell dürftigen Zeiten kulturelle Fragen in den Hintergrund treten müßten«, sei »ebenso töricht wie gefährlich«: »Denn wer die Kultur etwa nach der Seite ihres materiellen Gewinns hin einschätzen will, oder auch nur zu beurteilen trachtet, hat keine Ahnung ihres Wesens und ihrer Aufgaben.«[140] Kunst ist demnach kaum systemrelevant, gerade weil sie sich jenseits des »*wirtschaftlichen Egoismus*« entfaltet. Wenn die Schaffung einer Weltanschauung selbst Kunst ist, dann liegt diese Tätigkeit außerhalb jeder Systeme. Hitler erscheint als treuer Schüler seines Lehrers Wagner, der erklärte, dass es »Deutsch sei«, »die Sache, die man treibt, um ihrer selbst und der Freude an ihr willen«[141] zu treiben.

Doch weil die »totale Herrschaft« des Nationalsozialismus womöglich insgesamt als Kunst und Kunst im Nationalsozialismus als »totale Herrschaft« betrachtet werden kann, entspringt aus dieser scheinbaren Offenheit die brutalste Selektion. Bereits in *Mein Kampf* hatte Hitler dekretiert, dass der »Bolschewismus der Kunst« »die einzig mögliche kulturelle Lebensform und geistige Äußerung des Bolschewismus überhaupt«[142] sei. Da Kunst »*Bestandteil der Erbmasse*« sei, wurden der Dadaismus, der Kubismus und sogar der faschismusnahe Futurismus als »krankhafte Auswüchse irrsinniger und verkommener Menschen« bezeichnet. Avancierte Kunstwerke der Moderne wurden schlechthin als »entartet« diffamiert, ihre Künstler und Künstlerinnen vielfach an der Arbeit gehindert und ins Ausland vertrieben. Die Münchner Ausstellung »Entartete Kunst« sollte 1937 den Deutschen diese »undeutsche« Kunst vor Augen führen.

Wo die »Welt ein sich selbst gebärendes Kunstwerk« ist, sind Fragen nach dem Unterschied zwischen Wirklichkeit und Fiktion obsolet geworden. Womöglich galt das für Hitlers Weltanschauung in einem noch intensiveren Grad. Sie inszenierte eine Welt, die mit der faktischen politischen Gegenwart von vornherein nichts zu tun hatte. Ist jede Tatsache notwendig zu interpretieren, so ignorierte Hitler sie und schuf sich eigene. Schon allein darum musste diese Welt eine der Gewalt sein. Nur durch sie lässt sich Welt dazu zwingen, sich selbst als Kunstwerk zu gebären. Und Gewalt ist das Herz dieser Weltanschauung.

Sollte die Interpretation, dass die Weltanschauung von *Mein Kampf* mit all ihren Implikationen das absolute Kunstwerk des Nationalsozialismus ist, plausibel sein, dann wären auch alle Verbrechen des Regimes – und dabei zuerst die Shoah, aber auch die Verfolgung und Ermordung von anderen Gruppen (der Behinderten, der Roma und Sinti, der Homosexuellen, der politisch Andersdenkenden) sowie »rassenhygienische« und eugenische Verordnungen – in den Augen des Nationalsozialisten ästhetische Akte. Auch der Krieg müsste in erster Linie als eine gigantische Neuaufführung des ewigen Kampfes ums Dasein gedeutet werden. Am Ende sah sich Hitler womöglich als Siegfried auf dem Scheiterhaufen,

Eva sprang zu ihm in die Flammen.[143] Unter diesem Gesichtspunkt wäre dann zu verstehen, inwiefern die Moral kaum zureicht, das Schreckliche zu ermessen, das der Baumeister Hitler zu verantworten hat.

Der Kampf ums Dasein

Terrence Malicks *The Thin Red Line,* basierend auf dem gleichnamigen Roman von James Jones, der im Zweiten Weltkrieg an der umkämpften, im Pazifik kriegsentscheidenden Schlacht um Guadalcanal 1942/43 teilgenommen hatte und seine Erfahrungen später literarisierte, beginnt mit einer Frage, die eine Stimme aus dem Off spricht, während ein Krokodil zu sinistrem Soundtrack ins Wasser gleitet und verschwindet:

> »What's this war in the heart of nature? Why does nature vie with itself, the land contend with the sea?«

Gleich von Beginn an thematisiert der Heidegger-Übersetzer Malick die Kriegshandlung als ein Element der Natur und lässt im weiteren Verlauf die zu einem auf einem Hügel gelegenen und damit beinahe uneinnehmbaren Maschinengewehr-Bunker der Japaner vorrückenden Amerikaner auf den grasbewachsenen Hügeln fallen, als würden sie wie die beiläufig auftauchenden Tiere (Schmetterling, Schlange, Vogelküken) zur Natur gehören. Sie verschwinden im hoch gewachsenen Gras, das im nächsten Moment der Wind verweht, als wäre nichts geschehen. Die Kämpfenden werden selber zu Gras: »Ein Mensch ist in seinem Leben wie Gras, er blüht wie eine Blume auf dem Feld«, heißt es in den Psalmen. Was ist, wenn der Krieg dem Sinn der Natur entspricht, wenn es natürlich ist, dass der Stärkere – die im MG-Bunker kämpfenden Japaner – den Schwächeren – die den Abhang sich hinaufkämpfenden Amerikaner – besiegt? Wäre es nicht falsch, sich gegen diesen »Krieg im Herzen der Natur« zu wehren?

Und die Kultur, das Leben in der Gesellschaft? Gibt es nicht auch hier den Sieg und das Leben der Starken, die Niederlage und den Tod der Schwachen? Den Luxus für die Reichen und das Elend für die Armen? Ist nicht unsere Moral nur Alkohol für den Zweifelnden, mit dem er sich das unerträgliche Szenario schöntrinkt? Oder ist sie, wie Nietzsche erklärt, nur ein aus dem Ressentiment geborenes Machtmittel, um den im unmittelbaren Kampf nicht zu besiegenden Starken mit der Waffe des schlechten Gewissens zur Strecke zu bringen?

Der jüdische Philosoph Emmanuel Levinas hat diesen Kriegszustand zwischen den Menschen als den »Vollzug oder das Drama des Interessiertseins am Sein«[144] gedeutet. Dabei realisiert sich das Interessiertsein als Egoismus. Ich will existieren, sein. In diesem Selbstverhältnis kommt der oder die Andere zuerst oder nur vor, indem er oder sie mir den Raum nimmt,[145] den ich brauche: Ich muss sie verdrängen. Das würde allerdings zu Mord und Totschlag führen. Wir verwandeln diesen Zustand daher auf dem Weg der »Vernunft« in strategisch organisierte »Tausch-

und Handelsbeziehungen«.[146] Das ist zwar besser, doch die Gewalt des Überlebenskampfes wird nicht überwunden, sondern kanalisiert; notwendigerweise, weil die moderne Gesellschaft ihre ökonomisch-technisch-mediale Dynamik aus ihr bezieht.

*

Hitler nahm als Meldegänger an der sogenannten Sommeschlacht teil. Sie dauerte vom 1. Juli bis zum 18. November 1916. Über eine Millionen Soldaten fielen. Er selbst schreibt dazu in *Mein Kampf*:

> »Ende September 1916 rückte meine Division in die Sommeschlacht ab. Es war dies für uns die erste der nun folgenden ungeheueren Materialschlachten, und der Eindruck war denn auch ein nur schwer zu beschreibender. Dies schien wirklich mehr einer Hölle zu ähneln als einem Kriege.«[147]

Man kann davon ausgehen, dass Hitler Zeuge eines Kampfes geworden ist, in dem es ums reine Überleben auf Kosten des Anderen gegangen ist; Schlüsselerfahrung einer ganzen Generation, für die der Krieg nie mehr zu Ende sein sollte. Die Materialschlacht[148] wurde ihr zur zweiten Natur. In *Mein Kampf* bildet der Daseinskampf, in schier unzähligen Variationen wiederholt, daher auch die Mitte der Weltanschauung:

> »Wer leben will, der kämpfe also, und wer nicht streiten will in dieser Welt des ewigen Ringens,

> verdient das Leben nicht. / Selbst wenn dies hart wäre, so ist es aber nun einmal so. Sicher jedoch ist das noch weitaus härteste das Schicksal, das den Menschen trifft, der die Natur glaubt ›überwinden‹ zu können […].«[149]

Was in der Materialschlacht erfahren wurde, sei nicht Ausnahme, sondern Regel des Lebens. Der Mensch sei zwar ein Wesen, das in Gesellschaften lebe, doch dieses Leben sei prinzipiell ein naturalistisch grundierter Wettbewerb, ein Kampf auf Leben und Tod. Und da dieser Kampf natürlich sei, lasse er sich auch nicht moralisch fassen. Zudem gebe es keine Religion, die noch über jenem »ewigen Ringen« stehe und antinaturalistische Gebote bereithalte. Wenn für mich gesellschaftlicher Erfolg nur im Kampf mit dem und der Anderen zu erlangen und die Gesellschaft nur die Verkleidung eines nackten Lebenstriebs – ihrer naturalistischen Matrix – ist, dann gibt es keinen Grund, diesen Kampf nicht mit allen Mitteln zu meinen Gunsten zu führen.

Die These vom Kampf ums Dasein lag am Beginn des 20. Jahrhunderts geradezu in der Luft. Historisch betrachtet geht sie auf Charles Darwins Evolutionstheorie zurück, der sie im Rückgriff auf das sogenannte »Bevölkerungsgesetz« des Ökonomen Thomas Robert Malthus in der Formulierung »struggle for existence« übernahm. Malthus hatte behauptet, dass im Falle einer unvermeidbaren Überbevölkerung ein überflüssiger Teil der Population gleichsam natürlich absterben würde. Als »Kampf um's Daseyn« erscheint dieser Gedanke dann im dritten Kapitel von *Über die Entstehung der Arten im Thier- und Pflanzenreich durch natürliche Züchtung*, jenem bahnbrechenden Werk der Evolutionstheorie, das 1860 zum ersten Mal ins Deutsche übersetzt worden ist.

Die Idee aber, dass es eine unmittelbare Verbindung des Menschen zur Natur gebe und dass diese in den Gemeinwesen des Menschen eine Rolle spiele, ist eine, die ins antike Griechenland zurückreicht. Platon stellt in den *Nomoi*, seinem gigantischen Spätwerk, fest, dass es zwischen den Städten einen durch das Leben gehenden Krieg aller gegen alle gebe (625a), weshalb es wichtig sei, diesen Krieg – Platon denkt auch an den Bürgerkrieg – durch Gesetze zu verhindern. Dabei lässt Platon keinen Zweifel aufkommen über den Ursprung dieses Krieges: Kämpfe und Aufstände und Schlachten kommen vom Körper und seinen Begierden (*Phaidon*, 66d). Schon früher hatte er im Dialog *Gorgias* den Sophisten Kallikles auftreten lassen, der Sokrates davon zu überzeugen versucht, dass es von Natur aus ein Recht des Stärkeren (484a) gebe. Man solle danach leben. Stattdessen folge man schwächlich der unnatürlichen Konvention. Klar, dass Sokrates dagegen argumentiert.

Im 17. Jahrhundert war es dann Thomas Hobbes, der vom Krieg aller gegen alle sprach. Im Naturzustand bei Güterknappheit kämpften alle gegen alle ums Überleben, alle hätten ein Recht auf alles, »sogar auf den Körper eines anderen«.[150] Weit von bloßer Konstruktion entfernt, macht Hobbes darauf aufmerksam, dass »wilde Völker in vielen Teilen *Amerikas*« »bis auf den heutigen Tag in jener vertierten Weise«[151] leben würden: Ausdruck eines kolonialen Blicks, aber insofern wichtig, als er zeigt, dass Hobbes an der Realität des Naturzustands keinen Zweifel hat. Sein Ende findet der Naturzustand im Gesellschaftsvertrag – allerdings nicht ganz. Indem der Souverän das Recht habe, zu töten, bleibe in der Gesellschaft die Erinnerung an das vorgesellschaftliche Leben wach. Gleiches geschehe, indem wir sorgsam unsere Schränke und Wohnungen vor den Anderen verschlössen.[152]

Spinoza kommt der Hobbes'schen Anthropologie der Selbsterhaltung im Naturzustand nahe, wenn er in der *Ethik* davon spricht, dass jedes Ding danach strebe, im Sein zu verharren (*in suo esse perseverare conatur*, Pars tertia, propositio VI).[153] Und in ebendessen Tradition stellte der Philosoph Hermann Schmitz in seinem Buch Hitler, da er, Hitler, mit Spinoza »die Überzeugung von einer absoluten Übermacht der Natur (Deus sive natura)« teile. Damit hänge auch »Hitlers Religiösität« zusammen.[154] In der Tat ist für Hitler die Natur kein Teil, sondern das Ganze des Seins. Ob er ein religiöses Verhältnis zu ihr hatte, lasse ich dahingestellt.

Es gehört übrigens zur verstörenden prinzipiellen Doppeldeutigkeit der kantischen Philosophie, dass der Philosoph den »Friedenszustand unter Menschen, die nebeneinander leben«,[155] nicht als »Naturzustand« deutet. Der sei, so stimmt Kant Hobbes einträchtig zu, »vielmehr ein Zustand des Krieges«. Als Naturwesen sei der Mensch nicht friedensfähig. Erst wenn man ihn als moralisches Wesen betrachte, vermöge er seinen Hang zu kriegerischer Gewalt zu kontrollieren. Wie aber beides zugleich existieren kann, das separierte Natur- und Freiheitswesen des Menschen, bleibt ein Problem der kantischen Philosophie (über die dritte Kritik hinaus).

*

Darwin betont, er verwende den »Ausdruck ›Ringen um's Daseyn‹ in einem weiten und metaphorischen Sinne«.[156] Die Voraussetzung, das hatte er von Malthus gelernt, sei, dass »mehr Individuen erzeugt werden, als möglicherweise fortbestehen können«. Daher müsse »jedenfalls ein Kampf um das Daseyn entstehen, entweder zwischen den Individuen einer Art oder zwischen denen verschiedener Arten, oder zwischen ihnen und den äusseren Lebens-Bedingungen«.[157] Darwin kann es im engeren Sinne eigentlich nicht um das Überleben des Individuums gehen, sondern eher um das einer Population oder einer ganzen Art. Dennoch schreibt er am Ende jenes Kapitels:

> »Wenn wir über diesen Kampf um's Daseyn nachdenken, so mögen wir uns selbst trösten mit dem vollen Glauben, dass der Krieg der Natur nicht ununterbrochen ist, dass keine Furcht gefühlt wird, dass der Tod im Allgemeinen schnell ist, und dass es der Kräftigere, der Gesundere und Geschicktere ist, welcher überlebt und sich vermehrt.«[158]

Dieser »Krieg der Natur« gelte für »jedes organische Wesen«, das heißt auch für den Menschen. Es ist bekannt, dass eine weitere berühmte Formulierung, nämlich die vom »survival of the fittest«, von Herbert

Spencer stammt, der mit seinen *Prinzipien der Soziologie* (1877 in deutscher Übersetzung) zum Begründer des sogenannten »Sozialdarwinismus« wurde. Der Kampf ums Dasein wird dabei der Dynamik der modernen Gesellschaft eingeschrieben, wobei es in solcher Verhaltensdynamik offenbar nicht um bloße Gewalt, sondern um geschicktere Anpassung geht. Wer sich den gegebenen Umständen besser, flexibler anzupassen vermag, ist erfolgreicher als der, der sich ihnen verweigert, sie womöglich sogar zu ändern versucht.[159]

Es gehört nicht viel Fantasie dazu, dass sich solche Ideen mit anderen Parolen wie der von Nietzsches metaphysischem Gedanken des »Willens zur Macht« zu einer populären Vorstellung amalgamierten, der zufolge es zwischen der Materialschlacht und dem Leben in der Gesellschaft tatsächlich keinen Unterschied mehr geben könne. Hitler jedenfalls kannte in seiner Weltanschauung nur den Sieg oder den Untergang, und er übertrug diese Alternative auf seine Politik samt ihrem Antisemitismus.

(Philosophiehistorisch ist Darwins Bedeutung nicht hoch genug einzuschätzen. Zwar gab es, wie gezeigt, Philosophen, die eine naturalistische Matrix in der Anthropologie angedeutet hatten. Doch mit Darwin kam es zu einer naturalistischen Wende, die ohne Zweifel bis heute nachhält. Einerseits konnten sich in einer naheliegenden Vermischung mit Marx'schen Gedanken – was war der Klassenkampf anderes als *eine* Form des Daseinskampfes?[160] – Weltanschauungen bilden, die das 20. Jahrhundert prägen sollten, andererseits blieb der Hinweis auf naturalistische Voraussetzungen des Denkens bis heute dominierend in der Philosophy of Mind sowie in der Neurologie. Es zeigt sich immer deutlicher, dass Philosophien, die nach Darwin jene naturalistische Wende in der Interpretation dessen, was der Mensch ist, ignorierten – und dazu gehören zum Beispiel Husserl und Heidegger sowie alle, die sich auf diese beiden Denker beriefen und berufen – ihren Status als ernstzunehmende Wissenschaft verlieren.)

Man könnte auf den Gedanken kommen, die Vernichtungslager sollten nach der Materialschlacht der zweite schlagende Beweis sein, dass es einen Kampf ums Dasein wirklich gebe. Primo Levi, ein Überlebender aus Auschwitz, in dem er die Jahre 1944/45 zu verbringen gezwungen gewesen war, hat das in *Ist das ein Mensch?* eindrucksvoll zur Sprache gebracht: »Mensch ist, wer tötet, Mensch ist, wer Unrecht zufügt oder leidet; kein Mensch ist, wer jede Zurückhaltung verloren hat und sein Bett mit einem Leichnam teilt«,[161] wer mit anderen Worten unter das für die Menschlichkeit verantwortliche Maß von Selbstachtung herabgefallen ist. Zu morden und ermordet zu werden gehört zum Menschsein. Überleben, das dem Kampf ums Dasein ausweicht, ist unmenschlich.

Ein anderer Dichter, der die Lager des 20. Jahrhunderts kennengelernt hat, bestätigt Levis Erfahrungen. Warlam Schalamow, der mehrfach im sowjetischen GULag, darunter auch ein halbes Jahrzehnt in der Kolyma-Region, zu Zwangsarbeit verurteilt wurde, drückte das einmal in Bezug auf die Philosophie erstaunlich drastisch aus: Ihm sei viele

Male aufgefallen, »dass der intellektuelle Abstand zwischen dem sogenannten ›einfachen Menschen‹ und Immanuel Kant wohl um ein Vielfaches größer« sei »als der Abstand zwischen dem ›einfachen Menschen‹ und seinem Arbeitspferd«.[162] Und dann heißt es:

> »In einer Situation [...], wo die tausendjährige Zivilisation abfällt wie eine Schale und das animalische biologische Wesen vollkommen offen hervortritt, werden die Reste der Kultur zum realen und brutalen Kampf um das Leben in seiner unmittelbaren, primitiven Form genutzt.«[163]

Die Verflechtung evolutionsbiologischer Erkenntnisse mit sozialphilosophischen Ideen sowie ganz unmittelbaren Erfahrungen von Gewalt ist, was Schalamow meint, wenn er feststellt: »Das Lagerthema, weit gefasst, prinzipiell betrachtet – ist die größte, die Kernfrage unserer Epoche.«[164] Die Biokratie des Lagers stellt unverfälscht dar, was die Gesellschaft, nur vielfach vermittelt, ebenso organisiert. Es gibt darin nichts mehr, was das bloße Leben an Bedeutung übertreffen könnte. Zu leben ist der höchste Wert, für den alles getan und in Kauf genommen wird, auch und vor allem der Tod des Anderen. Hitlers *Mein Kampf* ist ein Text, der Levis und Schalamows Erfahrungen und Reflexionen in diesen Hinsichten umrahmt. Das Buch ist eine Blaupause des Lagers.

Giorgio Agamben ist heute derjenige Philosoph, der die moderne Gesellschaft als »biopolitische

Maschine«[165] denkt. Mit ihm wäre zu fragen, ob das »nackte Leben« wirklich »ein Produkt der Maschine« sei und »nicht etwas, das vor ihr existiert«. Ich setze voraus, dass das nackte Leben eines des zunächst immer verborgenen, zuletzt aber ebenso entblößten Kampfes ist. Die Konsequenz dieses Zusammenhangs ist die Frage, ob der Hass die Lager errichtet oder die Lager den Hass erzeugen. Oder gibt es hier einen Zirkel, einen Kreis, der nicht aufgebrochen werden kann? Müssen wir hassen, indem wir leben; und können wir nur leben, indem wir hassen?

Die Philosophie will der Drohung, es könne einen naturalistischen Kern des menschlichen Lebens geben, der allen theoretischen Bemühungen des Denkens zuvorkommt, durch einen hohen Aufwand von Moralbegründungen entgehen. Sie kann eine solche (Re-)Naturalisierung des Menschen nicht dulden, weil dann nicht mehr viel über Moral und Ethik zu sagen übrig bliebe. Höchstens das, was Nietzsche und nach ihm Freud dachten, nämlich dass der Mensch durch die Kultur, durch das Schöpferische im Eros oder in der Kunst, seinen Raubtiercharakter zähme. In dem Moment, in dem er unter diese Zähmung herabsinke, kämen seine naturhaften Triebe ganz unmittelbar wieder zum Vorschein.

Hier liegt womöglich auch einer jener Gründe, der die Philosophen und Philosophinnen vor einer genaueren Auseinandersetzung mit *Mein Kampf* zurückschrecken lässt. Zu tief will der Glaube an Freiheit und Vernunft in die »Urstiftung« (Husserl) der Philosophie eingeschrieben sein, als dass man der Möglichkeit, es gebe in Wahrheit eine naturalistische Determination des Menschen, Raum geben könnte. Idiosynkratisch repetiert die Philosophin: Philosophie soll das Gute wollen. In der Tat gibt es Erzählungen, die der Hypothese eines *conatus in suo esse perseverare*, eines natürlichen Selbsterhaltungstriebs, widersprechen. So haben sich selbst in schrecklichsten Situationen besondere Individuen (Heilige etc.) über ihn hinwegsetzen können. Oder haben sie nur einen sonst eher verborgenen Weg der Natur und des Überlebens gefunden?

Die evolutionstheoretische Perspektive ist eine andere. Dass es eine Veränderung der Arten in der Zeit gegeben hat und gibt, ist eine Tatsache. Wie diese Veränderung sich vollzieht, ist eine Frage der Naturwissenschaft, die sich nach Darwin auf Grundlage seiner Theorie vor allem in der Genetik und Molekularbiologie weiterentwickelt hat. Dabei vertritt heute Richard Dawkins die populär gewordene These vom »egoistischen Gen«. In Konkurrenzsituationen spiele die genetische Ausstattung der Individuen eine entscheidende Rolle. Die Gruppenselektion sei von Darwin überbewertet worden.[166]

Hitler scheint an der Idee von einem gnadenlosen Kampf ums Dasein bis in seine spätesten Stunden festgehalten zu haben. Während der Nürnberger Kriegsverbrecherprozesse berichtete Albert Speer, dass Hitler dessen Bitte, das deutsche Volk nicht weiter leiden zu lassen, indem man auch noch selber eine »Politik der verbrannten Erde« betreibe, mit den Worten abgelehnt habe, »das Volk hätte sich als das schwächere erwiesen und dem stärkeren Ostvolk gehöre dann ausschliesslich die Zukunft«. Außerdem seien das, was »nach dem Kampf übrigbliebe« »ohnehin nur die Minderwertigen; denn die Guten seien gefallen«.[167]

Selbst noch im sogenannten »politischen Testament« des Diktators, das wenige Tage vor seinem Selbstmord in Berlin entstand, kann er vom Hass auf das Judentum nicht absehen und den in *Mein Kampf* behaupteten »Rassenkampf« um die Weltherrschaft nur ein weiteres Mal bekräftigen. Er habe »keinen darüber im Unklaren gelassen, dass dieses Mal [im *Zweiten* Weltkrieg] nicht nur Millionen Kinder von Europäern der arischen Völker verhungern werden, nicht nur Millionen erwachsener Männer den Tod erleiden und nicht nur Hunderttausende an Frauen und Kindern in den Städten verbrannt und zu Tode bombardiert werden dürften, ohne dass der eigentlich Schuldige, wenn auch durch humanere Mittel, seine Schuld zu büssen«[168] habe; eine Bemerkung, die auf die Vernichtungslager anspielt. Hitler hatte in einer Rede vom 30. Januar 1939 vor dem Berliner Reichstag die »Vernichtung der jüdischen Rasse in Europa« angekündigt. Der Hass blieb von allen Ereignissen unberührt; noch immer war er Hitlers eigentliche psychopolitische Energie.

Befremdlich – Hitler scheint von Anfang, das heißt von der Niederlage der Deutschen im Ersten Weltkrieg an nur ein einziges Ziel im Blick gehabt zu haben: die Vernichtung der Juden. Bereits in seiner ersten politischen Äußerung aus dem Jahr 1919 heißt es: »Sein [des Staates] letztes Ziel aber muß unverrückbar die Entfernung der Juden überhaupt sein.«[169] Sicher, man kann über den Unterschied zwischen »Vernichtung« und »Entfernung« streiten, und vielleicht muss man das als Historiker. Ungeachtet dessen aber bleibt der Eindruck eines sich dem Denken entziehenden Hasses.

Malick findet in seinem Film eine Lösung für den »Krieg im Herzen der Natur«: Der Krieg mag grausam, die Natur mag ein Kampf ums Dasein sein, doch in diesem Kampf erweist sich der Andere kathartisch stets als einzigartig. Mag sein, dass der Mensch den Kampf ums Dasein nicht vermeiden kann, doch die Andere ist ihm ausgesetzt wie ich selbst. Dieselbe Stimme, die am Beginn aus dem Off die Frage nach dem Krieg im Herzen der Natur gestellt hat, sagt nun:

> »If I never meet you in this life, let me feel the lack. A glance from your eyes, and my life will be yours.«

Es heißt, dass der Krieg – auch der des Lebens – abstumpft und die Menschen an das Töten gewöhnt. *The Thin Red Line* geht den entgegengesetzten Weg. Alle Charaktere, die im Vordergrund der Handlung stehen, haben Verluste erfahren – nicht nur im Tod von Kameraden, sondern auch zu Haus von Geliebten oder Kindern. Die Gewalt des Krieges, die sich letztlich nicht von der der Natur unterscheidet, macht die Fragilität des Menschlichen nur schmerzhaft deutlicher: Ich vermisse Dich!

»Volk und Rasse« – im Maschinenraum des Nationalsozialismus

Das »wohl bekannteste Kapitel von *Mein Kampf*«[170] trägt die Überschrift »Volk und Rasse«. Was Hitler in ihm ausführt, wird zum Kern der Politik des »Dritten Reichs« gehören. Im Großen und Ganzen besteht es aus einer eher kurzen Einleitung in seine »Rasse«-Vorstellung, um dann recht schnell auf die Juden zu sprechen zu kommen und danach in einer Apotheose eines »rassereinen« »germanischen Staates deutscher Nation«[171] zu enden. In früheren Passagen hatte Hitler in mehr autobiografischen, inzwischen als unwahr erwiesenen Ausführungen erzählt, wie er zum Antisemiten geworden war.

Dennoch muss man bei der Interpretation von »Volk und Rasse« die von ihm sogenannte »Wandlung zum Antisemiten« berücksichtigen. Hier, in diesem früheren Kapitel Wiener »Lehr- und Leidensjahre«, findet eine Begründung und Vorbereitung der späteren Gedanken statt. Eine Differenzierung von »Rassentheorie« und Antisemitismus war zu Hitlers Zeiten übrigens durchaus noch möglich. Doch für den Autor von *Mein Kampf* verschmolzen die beiden Bereiche in der Begründung seines Antisemitismus zu einem einzigen Hass, der, auch wenn Hitler sonst freimütig von seinem Hass spricht, hier geflissentlich verborgen wird. Denn Hitler missbilligt einen emotionalen oder religiös motivierten Antisemitismus; er will einen anderen Diskurs entfalten.

Hitler erwähnt in der Erzählung seiner antisemitischen Metanoia, dass ihm hinsichtlich der von den Juden ausgehenden Gefahren wiederholt Zweifel gekommen seien, weil er häufiger auf eine »zum Teil so flache[] und außerordentlich unwissenschaftliche[] Beweisführung für die Behauptung«,[172] die Juden seien eine Bedrohung, gestoßen sei. Die Aussage wird später – wie alles, was in *Mein Kampf* wichtig ist – noch einmal wiederholt: »Mit einer solchen oberflächlichen Begründung kam man auch niemals zu einer ernstlichen wissenschaftlichen Behandlung des ganzen Problems und stieß aber dadurch nur zu viele, denen diese Art von Antisemitismus unverständlich sein mußte, überhaupt zurück.«[173] Hitlers Verhältnis zur Wissenschaft ist – gelinde gesagt – nicht unproblematisch. Er tendierte dazu, Außenseitern (oder Dilettanten) großen Kredit einzuräumen; vermutlich auch deshalb, weil er selbst als junger Mann von etablierten Akademie-Professoren bei seinen Versuchen, Malerei zu studieren, abgelehnt wurde (hat er auch hier eine klassistische Diskrimierung erfahren?).[174] Überhaupt ist Hitler selbst nirgendwo an bloßer Erkenntnis interessiert. Dennoch ist die Äußerung über die vermeintliche Unwissenschaftlichkeit antisemitischer Ideen nicht auf die leichte Schulter zu nehmen.

Bereits 1919, in einem Dokument, das als Hitlers erste politische Äußerung betrachtet wird, hatte er hinsichtlich des Umgangs mit Juden eine »Erkenntnis von Tatsachen«, einen »Antisemitismus der Vernunft«[175] gefordert. Es wirft ein spezifisches Licht auf den Hass des »fanatischen Antisemiten«. Weit davon entfernt, ein bloßer Affekt zu sein, ruft Hitler die Wissenschaft auf, um sich seinen Hass legitimieren zu lassen. Und die Wissenschaft war auf dem Weg, ihm diese Legitimation zu liefern.

Zu Beginn des 20. Jahrhunderts befindet sich die »junge Wissenschaft«[176] der »Rassenkunde« im Aufwind. 1905 wurde von Alfred Ploetz die »Gesellschaft für Rassenhygiene« gegründet. An Universitäten waren zunächst vor allem die Institute für Anthropologie dafür zuständig, Forschern wie Theodor Mollison, Eugen Fischer, Fritz Lenz oder auch Hans F. K. Günther einen Ort für ihre Untersuchungen zu geben. Dann wurden für diese Art von Forschungen eigene Institute wie das Kaiser-Wilhelm-Institut für Anthropologie, menschliche Erblehre und Eugenik (1927) gegründet oder das Staatliche Institut für Rassenbiologie (1922) in Uppsala, an dem auch der von Hitler viel gelesene Hans F. K. Günther zeitweilig arbeitete.

Apropos Uppsala: Die »Rassentheorie« ist kein lokales Phänomen. An ihr beteiligt waren die damals wissenschaftlich führenden Nationen: Deutschland oder das Deutsche Reich, England, Frankreich, Skandinavien und die USA. Dabei dürfte sich gerade Charles Darwin und seine These vom Kampf ums Dasein, das heißt von der natürlichen Selektion, als ein Mittelpunkt des Diskurses erwiesen haben. Auch sozialdarwinistische Theorien gelangten eher aus dem englischen Sprachraum nach Mitteleuropa. Es ist mehr als nur ein Aperçu der Geschichte der »Rassenhygiene«, dass Schweden noch bis in die Siebzigerjahre hinein an »rassehygienischen« Ideen festhielt und unter sozialdemokratischen Regierungen Zwangssterilisierungen vornehmen ließ.

*

Die »Rassenkunde« wie auch die seit dem Ende des 19. Jahrhunderts aufkommende »Rassenhygiene« konnten an eine inzwischen knapp zwei Jahrhunderte andauernde Forschung anknüpfen. Das 19. Jahrhundert selbst nannte Houston Stewart Chamberlain das »*Jahrhundert der Rasse*«, indem er hinzufügte: »Und zwar ist das zunächst eine notwendige und unmittelbare Folge der Wissenschaft und des wissenschaftlichen Denkens.«[177] Seit dem »Systema naturae« des unter anderem in Uppsala lehrenden Carl von Linné aus dem Jahr 1735 entstand ein immer größeres Interesse, den entschieden als Lebewesen der Natur aufgefassten Menschen phänotypisch nach »Rassen« zu unterscheiden.[178] Diese Auffassung war damals eine geistesgeschichtliche Innovation, bedeutete sie doch eine Absage an die Schöpfungsgeschichte. Dass der Mensch kein »Ebenbild Gottes« war, sondern wie die anderen Lebewesen zur Natur gehörte, war eine Erkenntnis der Aufklärung.[179]

Es ist daher historisch betrachtet auch nicht korrekt, wenn man die Äußerungen Immanuel Kants zu den verschiedenen »Rassen« des Menschen heute als »rassistisch« beschreibt. Für Kant ist der »Mensch im System der Natur (homo phaenomenon, animal rationale) ein Wesen von geringer Bedeutung«. Er habe »mit den übrigen Tieren, als Erzeugnissen des Bodens, einen gemeinen Wert (pretium vulgare)«. In diesem Sinne spricht er auch vom »*Tiermenschen*«,[180] von dem der Mensch »als *Person*« zu trennen sei. In diesem Dualismus von theoretischem und praktischem Interesse, von Sinnlichkeit und Vernunft, war es für Kant schlechthin unproblematisch, von »Rassen« des Menschen zu sprechen. Für den Anthropologen Wilhelm E. Mühlmann ist Kant sogar »der Begründer des modernen Rassenbegriffs«.[181]

Selbstverständlich war Kant nicht der einzige Aufklärer, der sich mit einer phänotypischen Einteilung des Menschen in »Rassen« auseinandersetzte. Er diskutierte mit Forschern wie Georg Forster oder auch Samuel Thomas Soemmering, dessen Untersuchung *Über das Organ der Seele* Kant 1796 kritisch kommentierte. Daneben ist Johann Friedrich Blumenbachs wichtiges Werk *Über die natürlichen Verschiedenheiten im Menschengeschlechte* aus dem Jahr 1798 zu nennen.

Blumenbach war ein Kritiker der Soemmering'schen Positionen, vor allem in der »rassenkundlichen« Beurteilung der Unterschiede zwischen Weißen und Schwarzen. Soemmering wollte »Rassenunterschiede« am Gehirn feststellen können, was Blumenbach bezweifelte. Nach dem Anthropologen Wilhelm E. Mühlmann gilt Blumenbach »als der eigentliche Vater der menschlichen Rassenkunde«.[182] Er ist zudem der Begründer der Schädellehre (Kraniologie) und hat in Göttingen eine der größten Schädelsammlungen in Europa zusammengetragen.

Obwohl übrigens Hegel in der *Phänomenologie des Geistes* betont, dass der Geist kein Knochen sei, bezieht er sich an anderer Stelle positiv auf Blumenbach: »Der physische Unterschied aller dieser Rassen [kaukasisch, äthiopisch, mongolisch, malaisch und amerikanisch] zeigt sich nun vorzüglich in der Bildung des Schädels und des Gesichts.«[183] Das wäre noch unproblematisch, könnte doch eine phänotypische Unterscheidung von »Rassen« lediglich empirisch verfahren. Doch ein paar Absätze später geht Hegel darauf ein, inwiefern »sich die angegebenen Rassen« »in *geistiger* Beziehung unterscheiden«, ohne allerdings ausdrücklich zwischen den zwei Unterschieden eine Verbindung zu behaupten. Die angeblichen geistigen Unterschiede sind dann genauso stereotypisch wie bei anderen Forschern des 19. Jahrhunderts.

Aus diesem Kontext heraus gelangte die »Rassentheorie« auch in die Evolutionstheorie Charles Darwins. Vor allem dessen *Abstammung des Menschen und die geschlechtliche Zuchtwahl*, zum ersten Mal 1871 ins Deutsche übertragen, geht von »Rassen des Menschen« (vgl. siebentes Kapitel) aus. Äußerungen wie: »Die Ähnlichkeit der Pithecia satanas [Satansaffe] – mit seiner glänzenden schwarzen Haut, seinen weissen rollenden Augäpfeln und seinem auf der Höhe gescheitelten Haare – mit einem Neger in Miniatur ist fast lächerlich«,[184] gibt es zuhauf. Sir Francis Galton hat dann Darwin'sche Ideen auf die Vererbung von Intelligenz und Genie bezogen. Er gilt als Begründer der modernen Eugenik. Einer von Galtons Lesern war Nietzsche.

Vor dem Hintergrund all dieser Namen begannen dann der schon erwähnte Alfred Ploetz oder auch Wilhelm Schallmayer am Ende des 19. Jahrhunderts die sogenannte »Rassenhygiene« zu begründen. Ploetz' Buch *Grundlinien einer Rassen-Hygiene* erschien im Jahr 1895 im S. Fischer Verlag. Am Beginn befindet sich ein Motto Nietzsches aus *Also sprach Zarathustra*.[185] Max Weber wandte sich 1910 auf dem »Deutschen Soziologentag« in Frankfurt öffentlich gegen Ploetz' Forschungen. Er bezweifelte eine soziologische Relevanz der »jungen Wissenschaft« und wünschte, dass »dieses neue Gebiet die sachlichen Grenzen der eigenen Fragestellungen«[186] einhalte. Weber versuchte, die Soziologie von etwaigen theoretischen Ansprüchen der »Rassenbiologie« freizuhalten. Das gelang ihm in seiner Äußerung vor allem auf rhetorischem Gebiet. 1920 veröffentlichte dann der anerkannte Biologe Jakob Johann Uexküll seine *Staatsbiologie*,[187] die eigentlich eine der Gesellschaft ist. In der zweiten Auflage von 1933 taucht das Wort »Rasse« und »Parasit« auf. Webers Differenzierung von Gesellschaft und Biologie war voreilig. Erst recht die nach dem Zweiten Weltkrieg auftrumpfende Kybernetik machte das deutlich.

*

Ein Begriff wie der der »Rassenwissenschaft« (Gehlen) ist vor allem in der Kontinuität mit dem vorangegangenen 19. Jahrhundert möglich. Der Nationalsozialismus hat sich ohne Zweifel auf diese Kontinuität berufen, als er den Vorrang des »Ariers« vor »dem Juden« behauptete; einen Vorrang, den vermutlich nicht wenige »Rassenwissenschaftler« auf dem Boden ihrer Forschung bezweifelten, hatte der Antisemitismus mit diesem ganzen Kontext doch unmittelbar nichts zu tun. Als der Anarchist Wilhelm Marr 1879 in Berlin nämlich die erste »Antisemitenliga« gründete, war weniger eine dauerhafte Institution gefunden (sie wurde 1880 schon wieder aufgelöst), als der Kampfbegriff »Antisemitismus« eingeführt. Der hatte zunächst als solcher keineswegs Einfluss auf die »Rassentheorie«, die sich als Wissenschaft und nicht als politisches Kampforgan verstand. Dennoch gelangte er auf besonderem Weg in ihren Horizont.

Dazu muss man daran erinnern, dass nach Chamberlain das sogenannte »*Jahrhundert der Rasse*« ebenso ein »*Jahrhundert der Philologie*«[188] war. In der Tat hatte Heinrich Julius Klaproth 1823 den Begriff der »indogermanischen Sprachen« eingeführt. Daran anknüpfend, machte der Indologe Friedrich Max Müller in der Mitte des 19. Jahrhunderts den Begriff des »Ariers« bekannt. *Àrya* bedeutet im Sanskrit »der Edle«. Indem auf diese Weise eine indogermanische Sprachgruppe ausgezeichnet wurde, weil jeder, der eine indogermanische Sprache sprach, ein »Arier« war, bildete sich eine natürlich unhaltbare Identifizierung von »Rasse« und Sprache aus. In der Philosophie führte das zu der bis vor Kurzem noch aktuellen Behauptung, dass die Nähe des Deutschen zum Griechischen ein intellektuelles Privileg darstelle. Joseph Arthur de Gobineau schlug aus dem »Arier« in seinem *Essai sur l'inégalité des races humaines* (1853–1855) dann Kapital. Gobineau hatte großen Einfluss auf Wagner, den Hitler abgöttisch verehrte. Aber auch Chamberlain selbst übernahm den Begriff des »Ariers«, um ihn gegen das Judentum in Stellung zu bringen. Vorstellungen eines »Rassenkampfes« zwischen »Ariern« und Juden wurden nachgerade populär. Keine Frage, dass sie auf Hitler eingewirkt haben.

In Hitlers Weltanschauung spielt diese Vorstellung vom »Rassenkampf« zwischen »Ariern« und Juden die Hauptrolle. Doch als solche ist sie kein Element der »Rassentheorie« oder der »Rassenhygiene«. Wissenschaftler, die schon lange vor 1933 rassentheoretische Untersuchungen durchführten, haben sich »selbstverständlich« gegen die politische Instrumentalisierung ihrer Arbeit gewehrt, während Politiker mit dem »Führer« in ihrem Rücken akademische Bedenkenträger für weltanschaulich ahnungslos hielten. Selbst noch ein Chef-»Rassenforscher« des Nationalsozialismus wie Eugen Fischer, der von den Vernichtungslagern wusste, hielt seine Wissenschaftsideale hoch. Andere »Rassenforscher« wie Hans F. K. Günther arbeiteten dem Nationalsozialismus insofern zu, als er und andere die »Rassenwissenschaft« und den Antisemitismus miteinander verbanden.[189]

Wichtiger aber ist doch, dass Hitlers Vorstellungen in *Mein Kampf*, es gäbe verschiedene »Rassen« des Menschen, zu ihrer Zeit alles andere als problematisch waren. Vielmehr scheint zwischen bestimmten Ideen der wissenschaftlichen Aufklärung im 18. und 19. Jahrhundert und Hitlers selbstverständlicher Ausgangsidee der verschiedenen »Menschenrassen«

eine ungebrochene Traditionslinie zu bestehen. Könnte es daher nicht sogar sein, dass Hitler meinte, in wesentlichen Momenten seiner Weltanschauung mit einer Pionierwissenschaft übereinzustimmen? Sicher. Was Hitler allerdings von dieser Übereinstimmung ableitete, war nachgerade wahnhaft.

Hitlers zwei Hauptgedanken in Bezug auf »Volk und Rasse« sind recht schnell zusammengefasst. Der erste besteht in der Behauptung von der »inneren Abgeschlossenheit der Arten sämtlicher Lebewesen dieser Erde«. Man hat sich in diesem Zusammenhang über die Passage: »Jedes Tier paart sich wieder nur mit einem Genossen der gleichen Art. Meise geht zu Meise, Fink zu Fink, der Storch zur Störchin, Feldmaus zu Feldmaus, Hausmaus zu Hausmaus, der Wolf zur Wölfin usw. usw.«[190] lustig gemacht. Dass sie womöglich ironisch gemeint war, weil Hitler selbst meinte, Banales mitzuteilen, ist wahrscheinlich.

Zwar ist diese Beschreibung weitgehend korrekt. Allerdings gibt es hybride Ausnahmen, in denen Tiere sich auch zwischen verschiedenen Unterarten fortpflanzen. Das vielleicht berühmteste Beispiel ist das Maultier oder der Maulesel. Dementgegen ist klar, dass eine Fortpflanzung zwischen weit entfernten Tierarten nicht vorkommt. Auch beim Maultier und -esel gehören Esel und Pferd zur Gattung Equus.

Die Analogie zwischen Tierarten und »Menschenrassen« ist zudem auch insofern irreführend, da sie nahelegt, »Rassen« würden sich wie Arten zueinander verhalten. Der »Fink« paart sich nicht mit dem »Wolf«. Das ist bei den behaupteten »Menschenrassen« natürlich anders. Kant weist darauf hin, dass »alle Menschen auf der weiten Erde zu einer und derselben Naturgattung« gehören, »weil sie durchgängig mit einander fruchtbare Kinder *zeugen*, so große Verschiedenheiten auch sonst in ihrer Gestalt mögen angetroffen werden«.[191] Biologisch problematisch ist viel eher die über Jahrhunderte dauernde Fortpflanzung von Mitgliedern einer abgeschlossenen Gruppe untereinander (vgl. Erbkrankheiten in endogamen Populationen). Selbst damals zeitgenössische »Rassenwissenschaftler« wie Fritz Lenz hatten betont, dass »Blutsvermischung« keineswegs schlechte Folgen zeitigt; im Gegenteil.[192] Die »Reinerhaltung des Blutes« war in jeder Hinsicht ein bloßes Phantasma des Hasses.

Da aber *Mein Kampf* nirgendwo einen neutralen Erkenntnisanspruch verfolgt, hat Hitler auch hier kein Interesse, etwa in damals aktuelle »rassentheoretische« Diskussionen einzugreifen.[193] Das zeigt sich daran, dass er sogleich die Begriffe »Art« und »Rasse« ineinander übergehen lässt. Gewiss macht er sich dabei auch die ohnehin existierende Unschärfe vor allem des »Rasse«-Begriffs zunutze, was Philosophen, die nach 1933 dem neuen Regime anhängen wollten, ihm gleichtaten. Sie sahen, dass »Rasse« das zeitgemäße Paradigma des Denkens war, und mussten sich darum kümmern, ein Verständnis von »Rasse« zu entwickeln, das sich von krud-biologischen Auffassungen unterschied. Sie versuchten, »Rasse« zu definieren. Hitler lässt sich nicht darauf ein, da die Abgeschlossenheit der Arten für ihn auch eine der »Rassen« ist. Dabei ist es zunächst entscheidend, dass diese Abgeschlossenheit sich im »Prinzip der Reinhaltung ihres Blutes«[194] manifestiere. Dass dieses Phantasma strategischen Charakter hat, zeigt eine Konsequenz des Prinzips: »Die Blutsvermischung und das dadurch bedingte Senken des Rassenniveaus ist die alleinige Ursache des Absterbens alter Kulturen […].«[195] Grob gesagt: Hitler will Juden und Deutsche um jeden Preis trennen. Daher sind alle Überschreitungen der von ihm ausgedachten prinzipiellsten Grenze, des »Blutes«, verboten. Kein Wunder, dass er nach 1933 schnell auf die Installation von »Rassegesetzen« drängte.

Das »Blut« ist der Kernbegriff von Hitlers »Rassen«-Phantasma. Natürlich hat der Begriff des »Blutes« eine uralte Geschichte. Sie geht bis an die mythischen und religiösen Anfänge der Kultur zurück. Blut galt als Träger einer Lebenskraft, die entweicht, wenn ein Körper zu viel davon verliert. Das hat dann in feudalistischen Kulturen immer auch »rassenmäßige« Anklänge. In Wagners *Parsifal* konnte Hitler einem Echo dieser Blutskultur nachhören. In ihm geht es um die drohende Dekadenz der Grals-Ritter, die frisches Blut brauchen. »Reinhaltung des Blutes« klingt dann auch eher nach aristokratischer Abgrenzung als nach »Rassenwissenschaft«.[196]

Dennoch ist das Blut in *Mein Kampf* eine zentrale Größe: »Im Blute allein liegt sowohl die Kraft als auch die Schwäche des Menschen begründet«,[197] heißt es nicht sehr spezifisch. Das wird vielleicht auch Hitler selbst bemerkt haben, weshalb er »rassische Reinheit« unmittelbar als »Einheit der Seele« eines Volkes bezeichnet.[198] Die »Zerrissenheit seines

Wesens« sei dann zugleich die »Zerrissenheit seines Blutes«, will wohl sagen, seiner »Blutsgemeinschaft«.

Der Gedanke, dass Abgeschlossenheit ein Merkmal der »Rasse« ist, könnte übrigens einen eigentümlichen Hintergrund haben. Antisemiten aller Jahrtausende haben darauf aufmerksam gemacht, dass die Juden selbst ein besonderes Augenmerk auf ihre Abgeschlossenheit legten. Auch Hitler spielt darauf an, wenn er bemerkt, dass »[k]aum bei einem Volk der Welt« »der Selbsterhaltungstrieb stärker entwickelt« sei »als beim sogenannten ›auserwählten‹«.[199] Die »jüdische Religionslehre« sei »in erster Linie eine Anweisung zur Reinhaltung des Blutes des Judentums«.[200] Und wirklich bedeutet die vor allem im orthodoxen Judentum aufrechterhaltene Matrilinearität eine Ausgrenzung, die unter anderem für die Erhaltung des Judentums in der Diaspora notwendig war. So wurde und wird diese Praxis vom Judentum auch nicht »rassentheoretisch« verallgemeinert. Außerdem gilt sie im liberalen Reformjudentum nicht mehr.

Wie Heidegger – der übrigens der biologischen »Rassenlehre« ablehnend gegenüberstand[201] – in den Dreißigerjahren zu meinen, die Nürnberger Rassegesetze würden nur wiederholen, was die Juden ohnehin schon taten,[202] entspricht der Rhetorik von *Mein Kampf*. Abgesehen davon, dass der Nationalsozialismus versuchte, seine Rechtsprechung mit unsinnigen pseudowissenschaftlichen »Argumenten« zu legitimieren und damit alle Verantwortung auf die »Natur« zu schieben, ist es bemerkenswert, dass jenes Volk, dem Hitler jede »kulturbildende

Kraft« absprach, insgeheim das Vorbild der eigenen »Rassenpolitik« sein sollte.

Den »Rassenkampf« nun will Hitler daran erkennen, dass Juden »den Neger an den Rhein bringen, immer mit dem gleichen Hintergedanken und klaren Ziele, durch die dadurch zwangsläufig eintretende Bastardierung die ihnen verhaßte weiße Rasse zu zerstören«.[203] Hitler bezieht sich auf die französische Besetzung des Rheinlandes während der Weimarer Republik. Eine »Rassenkampf«-Strategie der Juden sollte demnach eine bewusste Vermischung von Weißen und Schwarzen sein. »Bastardierung« (oder auch »Blutsvergiftung«)[204] war für Hitler die einzig mögliche Konsequenz.

Seit der Niederlage im Ersten Weltkrieg stand für Hitler fest, wer im manichäischen Kampf um die Weltherrschaft der Feind war. Wenn Hitler daher dekretiert: »Die Rassenfrage gibt nicht nur den Schlüssel zur Weltgeschichte, sondern auch zur menschlichen Kultur überhaupt«,[205] dann zeigen solche massiven Behauptungen, was Hitler wollte: Propaganda machen gegen jene verhasste Gruppe von Menschen, die ihm in seinem Trauma als Quelle allen Unheils galt. Der Text will mobilisieren, und man wird wohl sagen müssen, dass er es geschafft hat.

Das Kapitel »Volk und Rasse« aus *Mein Kampf* enthält einen Antisemitismus, mit dem sich Hitler an die Seite von Antisemiten wie Julius Streicher stellte, ja, der über ihn hinausgehen ließ. Es handelt sich um einen exterminatorischen Antisemitismus des Hasses. Selbst wenn Hitler aus persönlichen Gründen offenbar bereit war, bestimmte Juden und Jüdinnen von diesem Hass auszunehmen,[206] blieb der Antisemitismus der entscheidende Motor seiner Politik.

*

So abstrus Hitlers Rede vom »Blut« und damit von »Volk und Rasse« auch sein mag, sie verweist auf ein Problem, das sich in Gehlens Begriff der »Rassenwissenschaft« verdeutlicht. Denn Hitlers Nationalsozialismus förderte diese Wissenschaft nicht so sehr, weil sie sich von ihr weniger neutrale Erkenntnisse über die »Menschenrassen« erwartete, sondern vielmehr weil sie Material für die »Begründung« seines exterminatorischen Antisemitismus lieferte. »Rassenwissenschaftler« wie Eugen Fischer oder Fritz Lenz haben sich diesen Erwartungen nicht verschlossen, um dennoch immer wieder auf ihre eigentliche Wissenschaftlichkeit wert zu legen.[207]

Das Problem liegt nun weniger in der Tatsache, dass sich all diese Männer (es waren wohl zu jener Zeit beinahe ausschließlich Männer) mit ihren »Forschungen« diskreditiert haben – was übrigens Eugen Fischer und andere nicht abgehalten hat, auch nach 1945 Karriere zu machen. Vielmehr liegt das Problem in jener Kontinuität, die die »Rassenwissenschaft« mit einer ganzen Tradition von Texten seit Linné über Kant bis zu Darwin verbindet. Ihnen das Bewusstsein der Wissenschaftlichkeit abzusprechen, wäre ein Fehler. Und es ist keine Frage, dass die Entwicklung einer »Rassenwissenschaft« in den ersten Jahrzehnten des 20. Jahrhunderts diese Kontinuität betonte.

Es ist wissenschaftlich kein besonderes Problem, bestimmte Paradigmen des Forschens durch neue zu ersetzen. Es ist wissenschaftlich unproblematisch, die Hypothese von der Zentralstellung der Erde im Universum durch empirische Beobachtungen, wie sie Galilei vornahm, zu falsifizieren. Es ist aber für die Philosophie keineswegs unproblematisch, den Zusammenhang von Aufklärung und »Rassentheorie« auf ähnliche Weise durch das Falsifizieren von Hypothesen zu erledigen. Gibt es nicht doch einen intrinsischen Zusammenhang zwischen der Emanzipation der Vernunft und der Entdeckung des Menschen als Naturwesen?

Die Verbindung ist deutlich. Die Naturalisierung des Menschen befreit aus theologischen oder auch christlichen Kontexten, nach denen er ein Geschöpf Gottes, ein *ens creatum*, sei. Mit dieser Befreiung tritt der Mensch aus einer Heilsgeschichte aus, welche die Geschichte apokalyptisch, das heißt von der Offenbarung her liest. Das hat dazu geführt, phänotypische Differenzen zwischen den Menschen als »Rassen« zu bezeichnen; phänotypische Differenzen, die sogleich mit psychologischen oder charakterologischen Differenzen verknüpft worden sind.

Spätestens Descartes erkannte die prinzipielle Ähnlichkeit, wenn nicht Gleichheit zwischen dem tierischen und dem menschlichen Körper. Das war für die Entwicklung der Medizin und Anthropologie natürlich von großer Bedeutung. Lediglich die Seele blieb für Kant – der Descartes' Mechanik des Körpers ablehnte – wie für den gesamten Deutschen Idealismus noch ein metaphysisches Objekt, bis die Psychologie begann, sich und sie ebenfalls zu naturalisieren. Darwins Evolutionstheorie nimmt den Ball von den Philosophen und Naturforschern der Aufklärung auf und wird am Beginn des 20. Jahrhunderts zum weltanschaulichen Knotenpunkt. Freud, der zunächst ein Gehirnforscher war, reagierte mit seiner Psychoanalyse ambivalent auf Vergegenständlichungen; ambivalent, weil auch er die Seele verobjektivierte. All diese Entwicklungen eröffneten jenen biopolitischen Apparat, ohne den der Mensch seit Langem schon nicht mehr leben kann.

Die Anthropologie hat durch die Entdeckung der DNS die phänotypische Erforschung des Menschen insofern aufgehoben, als auch phänotypische Unterschiede genetisch codiert sind. Was früher einmal als »Rassenunterschied« galt, fällt jetzt in die Genetik, deren Untersuchungen sich einer politisch-ethischen Kontrolle unterwerfen müssen, weil ihre Möglichkeiten inzwischen eugenische Fantasien weiter beflügeln als je zuvor. Dennoch hält sich ein offenbar weit verbreiteter »Rassismus« an phänotypische Differenzen, die »kulturell« interpretiert werden.

Das Problem, das uns der Nationalsozialismus radikaler als jedes politisch-ethische System zuvor vorexerziert hat, ist also die *Frage nach der Grenze der Naturalisierung des Menschen.* Gewiss können wir uns eine Welt ohne die Naturalisierung des menschlichen Körpers nicht mehr vorstellen – selbst die Psychologie entwickelt sich immer mehr zu einer Naturwissenschaft. Der Rückgang auf eine voraufklärerische und religiöse Herkunft des Menschen ist nur kleinsten Minderheiten möglich. Dennoch bildet sich in der politisch-moralischen Öffentlichkeit ein Diskurs, in dem beinahe jede Naturalisierung des anderen Körpers als verwerflich gilt. Besonders die Hautfarbe, aber auch die Behinderung und das Aussehen im Allgemeinen, ist ein neuralgisches Thema.

Vielleicht leben wir in einer Zeit, in der die extreme biopolitische Naturalisierung des Lebens in Medizin, Biologie, Genetik eine Gegenbewegung im alltäglichen Leben ausgelöst hat, nach der jede mögliche Naturalisierung ausgeschlossen werden soll. Sollte es diese unthematische Dialektik geben, wären auch identitätspolitische Positionen noch einmal unter diesem Gesichtspunkt zu betrachten. Denn dass die biopolitischen Technologien universalen Charakter haben und insofern körperlichen Identitäten indifferent begegnen, liegt auf der Hand.

Der Nationalsozialismus hat die Naturalisierung des Körpers mit einer Naturalisierung der Moral kurzgeschlossen. Alles, was von der Norm des Gesunden abwich, wurde als dessen Bedrohung betrachtet. Was unheilbar krank war, musste unmittelbar auch deshalb vernichtet werden, weil seine Berührung selbst krank machte. Das Judentum war nur die bedrohlichstes Form des unheilbar Kranken; es zeigte sich, dass die Welt dieser Ansteckung kaum etwas entgegenzusetzen hatte. Deshalb durfte der »Rassenkampf« nicht nur eine Idee der Weltanschauung bleiben: Er musste institutionalisiert werden. Die »Endlösung der Judenfrage« war auch das gesundheitspolitische Projekt einer totalen Naturalisierung des Menschen, die Leben mit Gesundheit identifizierte.

*

Nach dem Zweiten Weltkrieg war es vor allem Nietzsche, in dessen Werken man Gedanken fand, auf denen Hitler und der Nationalsozialismus aufbauen konnten. Thomas Manns Vortrag »Nietzsches Philosophie im Lichte unserer Erfahrung«[208] stellt diesen Versuch einer Selbstreinigung wohl am besten dar, war doch Nietzsche ohne Zweifel für die Entstehung von Manns eigenem Werk überaus wichtig.

Tatsache aber war auch, dass Hitler selbst die Nähe des Nietzsche-Archivs in Weimar suchte. Seit 1932 traf er dort mehrmals Elisabeth Förster-Nietzsche, die Hitlers Machtergreifung enthusiastisch begrüßte. Richard Oehler, ein Cousin des Philosophen, veröffentlichte 1935 im Auftrag des Archivs die Programmschrift *Friedrich Nietzsche und die deutsche Zukunft*,[209] eine hemmungslose Identifizierung Nietzsches mit Hitlers, die schon dadurch inszeniert wird, dass einem am Beginn des Buches jene Fotografie entgegenkommt, die Hitler im Profil neben der im Archiv aufgestellten Nietzsche-Büste Max Klingers zeigt; ein durchaus wirkungsvolles Theater, das Hitlers Respekt vor dem Philosophen pointieren soll.

Und doch sprechen nicht wenige Zeugnisse dafür, dass es keineswegs Nietzsche war, der die intellektuelle Atmosphäre des »Dritten Reichs« bestimmte. So teilt Hannah Arendt in ihrem »Bericht über die Banalität des Bösen« mit, dass »zu jedermanns Überraschung« Adolf Eichmann in jenem Gerichtssaal in Jerusalem »eine ziemlich genaue Definition des kategorischen Imperativs«,[210] wie Immanuel Kant ihn formulierte, vorzutragen gewusst hat.

Ich habe bereits darauf hingewiesen, dass Kant den für die Entwicklung des Nationalsozialismus wichtigen Begriff der »Weltanschauung« gefunden hat. Auch hat man ihn als den »Begründer des modernen Rassenbegriffs« bezeichnet.[211] Darüber hinaus veröffentlichte Houston Stewart Chamberlain 1905 das Buch *Immanuel Kant. Die Persönlichkeit als Einführung in das Werk*,[212] eine kenntnisreiche Einführung, und in den *Grundlagen des XIX. Jahrhunderts* bildet »Kant« das letzte Kapitel. Ebenso ist es bemerkenswert, dass im nach *Mein Kampf* zweiten wichtigen weltanschaulichen Werk des Nationalsozialismus, Alfred Rosenbergs *Der Mythus des 20. Jahrhunderts* von 1930, Kant weit vor Nietzsche und Schopenhauer der meistzitierte Philosoph ist, positiv zitiert wohlgemerkt.

1930 war auch das Jahr, in dem Werner Best, ein späterer, sehr erfolgreicher Karrierist der SS, in seinem Aufsatz »Der Krieg und das Recht« den Krieg mit kantischen Argumenten gegen politische Einhegungsversuche verteidigt. Kant bildet das Fundament eines Textes, in dem »die den Nationalismus tragende innere Haltung als *heroisch-realistische* gekennzeichnet«[213] wird. Am Ende heißt es: »Wir treten zum Kampfe an und gedenken einen guten Kampf zu kämpfen. Wer ›recht‹ behält, entscheidet das Leben, das Schicksal.«[214]

Selbst der berüchtigtste »Rassenforscher« des Dritten Reichs, Hans F. K. Günther, berichtet in einem unsäglich apologetischen Rückblick davon, dass seine Forschungen zu Beginn seiner Karriere bei Theodor Mollison in Breslau aus der Perspektive einer »neukantianischen Anschauung (Windelband, Rickert)«[215] herrührten; Mollison war übrigens der Doktorvater Josef Mengeles und wurde nach 1950 noch Gutachter und Sachverständiger für die »Deutsche Gesellschaft für Anthropologie«. Rickert, bei dem Heidegger in Freiburg habilitiert wurde, wurde später, wie gesagt, Nationalsozialist.

Heidegger selber schreibt in einem seiner »Schwarzen Hefte« um 1938 herum sarkastisch: »*Kant* — er muß wohl aus der Geschichte der Deutschen gestrichen werden — denn was hat er für das ›Volkstum‹ geleistet; selbst wenn man ihm den ›kategorischen Imperativ‹ und dessen ›nationale‹ Wirkung zugute halten möchte, auch dieser ist ›menschheitlich‹ gedacht und nicht volkstümlich.«[216] Doch für ihn ist gerade dieses, »abendländisch die ›Menschheit‹« zu denken, das »deutscheste«;[217] und damit immerhin nicht primär nationalsozialistisch. Die Stelle bestätigt aber, wie sehr Kant von den Nationalsozialisten beansprucht worden ist.

Die einzige ambitionierte Aufbereitung der deutschen Philosophie in Zeiten des »Dritten Reichs«, *Die deutsche Philosophie der Gegenwart* von 1943, stammt von Gerhard Lehmann. Er arbeitete in den Dreißigerjahren am Kant-Nachlass und publizierte nach dem Krieg noch im ehrwürdigen De Gruyter Verlag anerkannte Studien über Kant. Das Buch, das Rosenberg als den wichtigsten Philosophen bezeichnet, betont, dass »auch die Gegenwartsphilosophie« »im Zeichen einer Erneuerung Kants«[218] stehe. Auch

Alfred Baeumler promovierte über Kant, weshalb Heidegger sich auf ihn beziehend von einem »mit Nationalsozialismus aufgewärmtem Neokantianismus«[219] sprechen kann.

*

Kants Denken bot der Weltanschauung des Nationalsozialismus insofern einen Anknüpfungspunkt, als es zwischen dem *mundus sensibilis* und dem *mundus intelligibilis*, dem Sinnlichen und Übersinnlichen, eine seltsam rigide Trennung einführte, auf dessen Grundlage sich »Rassenwissenschaft« und Pflichtbewusstsein völlig unabhängig voneinander entwickeln konnten; unabhängig in dem Sinne, dass man es sozusagen für seine Pflicht halten konnte, unmenschliche »rassenwissenschaftliche« Experimente durchzuführen. Der menschliche Körper als solcher war für Kant nichts anderes als ein äußerst kompliziertes Tier – die Selbstbestimmung des moralischen Subjekts hat keinen Bezug zur Natur. Das bedeutete für Dilettanten wie Hitler, dass sie sich auf beiden Gebieten gleichermaßen hyperbolisch austoben konnten. Sein Mensch ist zugleich Tier und Genie im »Rassenkampf«, er dient dem Stoff wie der Idee. Ob es dabei zu Widersprüchen kommt, ist Hitler – er betont rhetorisch, dass die Weltanschauung logische Konsistenz aufweisen müsse – völlig gleichgültig: Am Ende geht es einzig um den Sieg. Und damit das dem Körper nicht bewusst wird, spaltet er sich vom moralischen Selbstverhältnis der Person ab.

Diese Trennung von Sinnlichkeit und Moral ist ein Hauptaspekt nationalsozialistischer Weltanschauung. Der Historiker Martin Broszat spricht in seiner Einleitung in die *Autobiographischen Aufzeichnungen von Rudolf Höß*, des späteren »Kommandanten in Auschwitz«, in Bezug auf dessen Person von einem »schizophrenen Bewußtsein«[220] oder sogar von einem »kaum mehr bewußten Zwiedenken«.[221] Höß hatte, wie viele andere an der Shoah Beteiligte, gemeint, in der technischen Organisation des Mordens zuletzt ganz rechtschaffen bleiben zu können. Er war erfolgreich darin, die Technik des Tötens von der Moral zu separieren, sie als bloße sinnliche Vorgänge von dem – von Höß vielfach erwähnten – »innersten Leben«[222] abzuspalten.

In einer gewissen Hinsicht könnte man Heinrich Himmlers Rede bei einer sogenannten Gruppenführertagung in Posen am 4. Oktober 1943, in der er von der Anständigkeit der Massenmörder in den Vernichtungslagern spricht, als Ausdruck eines dann doch wohl falsch verstandenen Kant betrachten. Wenn er es als heroisches Opfer charakterisiert, angesichts von Leichenbergen »durchgehalten zu haben, und dabei – abgesehen von Ausnahmen menschlicher Schwächen – anständig geblieben zu sein«,[223] dann könnte man meinen, Himmler würde das naturalistische Verhältnis zwischen Körpern, nämlich dass die einen die anderen vernichten, von der moralischen Einstellung vollkommen trennen. Denn man sei ja »anständig *geblieben*«, man hatte sich von der Welt der Körper moralisch emanzipiert …

Die totale Gewalt

Die Weltanschauung von *Mein Kampf* präsentiert sich als »absolute Wahrheit«.[224] Damit schreibt Hitler in sein ganzes Projekt einen alternativlosen Anspruch ein. *Mein Kampf* muss bestanden werden, der Feind vernichtet. Das ist die »Wahrheit« dieses Buchs. Damit ist sein Autor nicht nur ihr handelndes, nicht nur Vollstrecker, sondern ebenso ihr leidendes Subjekt, ihr Opfer. Denn Hitler lässt öfters durchblicken, dass seine »Wahrheit« grausam sei.

Undenkbar natürlich, dass Hitler seine Weltanschauung hätte anders darstellen können. Sie muss sozusagen sich nicht erst als wahr erweisen, sondern schlechthin die Wahrheit sein. Der Kampf und die Wahrheit sind eins. Dass der Kampf die Wahrheit, die Wahrheit Kampf ist, ist ein *faschistisches Axiom*.

Alles kämpft gegen die Anderen, mit sich selbst. Sichdurchsetzen ist Indikator der Wahrheit, wie Wahrheit im Grunde nichts anderes als Sichdurchsetzen ist. Mit anderen Worten: Ein faschistisches Axiom – wie immer es lautet – basiert auf der ontologischen Identität von Wahrheit und Gewalt. Nicht nur wird das Verhältnis des Seienden zueinander durch Gewalt definiert – auch die Logik dieses Verhältnisses wird von Gewalt beherrscht. Mit anderen

Worten: *Mein Kampf* propagiert nicht nur die Gewalt als Wahrheit des Seins, das Propagieren der Wahrheit selbst ist Gewalt.

Es ist eine der zentralen Fragen der Politik, welcher Status der Gewalt zugesprochen wird. Selbst in Zeiten des Versuchs, die Politik zu einem gewaltfreien Raum zu verharmlosen, bleibt in der Rede vom Gewaltmonopol oder auch der Gewaltenteilung eine Erinnerung an die Rolle erhalten, die Gewalt im Politischen spielt; eine Erinnerung daran, dass Gewalt in die Begründung oder Gründung der Politik einfließt oder sie sogar ausmacht. Indem sie an der Gründung von Politik, an der Gründung des politischen Körpers mindestens mitbeteiligt ist, bricht das eigentliche Problem auf.

Die *prima et ultima ratio* der politischen Gewalt ist stets die physische.[225] Sie droht mit der körperlichen Schädigung, wenn nicht Vernichtung. Alle anderen Formen der Gewalt, seien es psychische oder auch rhetorische, leiten sich von dieser primären Gewalt ab, die auch erst eigentlich Gewalt*erfahrung* ist. Das gilt im besonderen Maß für *Mein Kampf*. Wenn Hitler »Gewalt« sagt, meint er fast immer physische Vernichtung: Die Wahrheit der Gewalt ist die Vernichtung des Anderen.

Aus der Perspektive des Staates und seiner Regierung stellt sich die Frage nach der Gewalt prinzipiell vor dem Hintergrund der Differenz von Legalität und Illegalität. Das betrifft nicht nur die eigenen Gewaltmittel, sondern auch die Gewalt zwischen seinen Bürgern und Bürgerinnen. Es geht darum, eine Grenze zu ziehen, nach der entschieden werden kann, welche Gewalthandlung zwischen Individuen als Angriff auf die Person betrachtet werden kann und welche nicht. Nicht jede Gewalt zwischen Menschen ist schon illegal. Zudem gilt, dass Gewalt gegen den Staat und seine Einrichtungen Gegengewalt bis zur Exekution der Person legitimiert. Es wäre eine weitere, hier nicht zu verhandelnde Frage, inwiefern Hitlers Gewaltverständnis einen Unterschied wie den zwischen Legalität und Illegalität von vornherein unterläuft.

Gewalt gegen den Staat dient dem Ziel, entweder die herrschende Regierung zu entmachten, die herrschende Staatsform zu zerstören und durch eine neue zu ersetzen oder den Staat überhaupt zu vernichten. Wollte man ein anderes Land erobern, schreibt Machiavelli, sei »nicht viel mehr nötig, als die Familie des vorigen Regenten auszurotten«.[226] Oder wer zum Beispiel »auf eine widerrechtliche und gewaltsame Weise die Herrschaft« an sich reiße, der müsse »alle Grausamkeiten auf einmal ausüben, damit er nicht nötig habe, alle Tage damit von vorne anzufangen«. Danach aber könne er »die Gelegenheit ergreifen, die Gemüter durch Wohltaten wieder zu versöhnen«.[227] Mit der Neuzeit wurde die Gewalt der *Revolution* das zielführende Machtergreifungsmodell.

Die Amerikanische, Französische und Russische Revolution haben dieses Modell auf verschiedene Weise realisiert. Sie haben ein Recht auf Gewalt beansprucht, das über die jeweilige Legalität der alten Ordnung hinausging. Und indem aus ihnen tatsächlich neue Staaten mit neuen Herrschaftssystemen entstanden, repräsentierten sie spätestens seit der Russischen Revolution eine Form der Gewalt, die jede moderne Politikauffassung interessierte. Man könnte noch Hannah Arendts *On Revolution* von 1963, das sie seltsamerweise dem Ehepaar Jaspers widmete, als den letzten Funken dieses Diskurses deuten.

Die Russische Revolution unterscheidet sich dabei von den anderen beiden Revolutionen insofern, als sie nicht nur einen neuen Staat begründen, sondern auf längere Sicht überhaupt Staatlichkeit überwinden wollte. Was die Gewalt dieser Revolution betrifft, hat Lenin in *Staat und Revolution* erklärt:

> »Wenn der Staat das Produkt der Unversöhnlichkeit der Klassengegensätze ist, wenn er eine *über* der Gesellschaft stehende, und ›sich ihr *mehr und mehr entfremdende*‹ Macht sei, so ist klar, daß die Befreiung der unterdrückten Klasse unmöglich ist nicht nur ohne gewaltsame Revolution, *sondern auch ohne Vernichtung* des von der herrschenden Klasse geschaffenen Apparats der Staatsgewalt, in dem sich diese ›Entfremdung‹ verkörpert.«[228]

Auffallen muss einem an dieser Darstellung die Verbindung zwischen Gewalt und Vernichtung. Die Französische Revolution hatte den König und damit den Machtapparat liquidiert, der über Jahrhunderte hinweg den französischen Staat organisiert hatte. Die Russische Revolution sollte nicht nur den Zaren liquidieren, sondern den Staat überhaupt. Soldaten- und Arbeiterräte sollten die Herrschaft übernehmen.

Diese Absicht wurde von Lenin nach 1918 ziemlich schnell einkassiert, weil er die Macht der Partei zu sichern hatte. Doch die »Vernichtung« war nun einmal in der Welt, sodass die Staatsgewalt nach 1927, mit der Übernahme der Macht durch Stalin, nun selber eine wurde, die begann, vermeintliche Feinde zu vernichten.

Hitlers *Mein Kampf* entstand in einer Zeit, in der der neue Staat, der aus den Trümmern eines ungeheuren Gewaltexzesses hervorgegangen war, sich unentwegt gegen Angriffe linker und rechter Terroristen wehren musste. Auch Hitler lässt gleichsam von der ersten Zeile seines Textes an keinen Zweifel aufkommen, dass die »Waffe der brutalen Gewalt« ein notwendiges Mittel für die Durchsetzung der Weltanschauung sein sollte. In »der ewig gleichmäßigen Anwendung der Gewalt allein« liege »die allererste Voraussetzung zum Erfolge«.[229] Denn es sei »eine ewige Erfahrung der Weltgeschichte, daß ein von einer Weltanschauung vertretener Terror nie durch eine formale Staatsgewalt gebrochen werden«[230] könne. Gemäß dem von ihm in die Weltanschauung selbst eingeschriebenen Kampf ums Dasein könne nur eine andere, ebenso terroristische Weltanschauung den eigenen Terror besiegen.

Wie auch sonst überall kennt Hitler in diesem Konflikt nichts anderes als das Alles oder Nichts, das Entweder-Oder. Zwar wird einmal eingeräumt, dass »die Anwendung von Gewalt allein, ohne die Treibkraft [*sic!*] einer geistigen Grundvorstellung als Voraussetzung«, »niemals zur Vernichtung einer Idee und deren Verbreitung führen« könne, das heißt, dass im Kampf der Weltanschauungen eine über die andere nicht einfach mit nackter Gewalt triumphieren könne, wenn sie nicht auch durch Ideen zu überzeugen vermag. Doch Hitler erklärt weiter: »außer in Form einer restlosen Ausrottung aber auch des letzten Trägers und der Zerstörung der letzten Überlieferung«.[231] Wenn Feinde der Weltanschauung durch Ideen nicht erreicht werden können, müssen sie eben doch vernichtet werden. Der weltanschauliche Kampf wird durch die Extermination des Anderen ersetzt.

Die Geschichte der Gewalt in *Mein Kampf* ist insofern nur dann zu Ende erzählt, wenn die sich gegen das Judentum richtende maximale Gewalt berücksichtigt wird: »Die Nationalisierung unserer Masse wird nur gelingen, wenn bei allem positiven Kampf um die Seele unseres Volkes ihre internationalen Vergifter ausgerottet werden.«[232] In solchen Bemerkungen scheint Hitler durchblicken zu lassen, dass er dem bloßen Kampf von Weltanschauungen, den er sich sowieso ohne Gewalt nicht vorstellen kann, misstraut. Wenn schon Gewalt, dann die totale; überflüssig, sie zu rechtfertigen.

Doch in dem Moment, wo sich eine Weltanschauung mit Gewalt gegen eine andere durchgesetzt hat und zur »herrschenden« geworden sei, müsse sich der Staat dieser Weltanschauung entweder angleichen oder untergehen. Denn der Staat könne »jahrhundertelang die größten Gewaltmaßnahmen gegen einen ihn bedrohenden Terror anwenden, am Ende« werde er »dennoch nichts gegen ihn vermögen, sondern unterliegen«. Mit anderen Worten: *Mein Kampf* präsentiert sich als das Buch einer *»weltanschaulichen Revolution«*,[233] die unterwegs war, die Macht im Staat mit Gewalt zu ergreifen.

Dabei war die Revolution für Hitler durchaus ein Problem. Dem siebenten Kapitel der »Abrechnung« gibt Hitler die Überschrift »Die Revolution« und meint damit einzig und allein die von ihm als schrecklich empfundenen Soldatenaufstände am Ende des Ersten Weltkriegs, die er »dem Juden«, mit dem es nur »das harte Entweder-Oder«[234] gebe, in die Schuhe schiebt. Natürlich war die ganze Russische Revolution ebenso eine Aktion des *»Bolschewismus«*, in dem Hitler den *»Versuch des Judentums«* zu erkennen meint, *»sich die Weltherrschaft anzueignen«*.[235]

Daher hat er dann auch darauf hingewiesen, dass »die Revolution« »nur bei einem kleinen Teil des deutschen Volkes wirklich populär geworden« sei, »nämlich bei jener Klasse ihrer Helfer, die den Rucksack als Erkennungszeichen aller Ehrenbürger dieses neuen Staates gewählt« hätten. Hitler zitiert das damals leicht erkennbare Stereotyp des mit einem Rucksack versehenen wandernden Ostjuden: »Sie liebten Revolutionen nicht um ihrer selbst willen [...], sondern wegen ihrer Folgen.«[236] Während also die Juden die Revolution nur aus egoistischen Motiven verfolgten, sollte der Nationalsozialismus die Revolution »um ihrer selbst willen« lieben? Ohne Zweifel eine unglaubwürdige Differenzierung.

Dennoch zeichnet Hitler in *Mein Kampf* die neue »Bewegung« als eine, die auf die Gewalt setzt – und das aus sehr naheliegenden Gründen. Als Hitler einmal die Installation der »S.A.« (Sturmabteilung) rechtfertigt, wehrt er sich gegen »dumme deutschvölkische Kreise«, die ihm unterstellten, »den Gummiknüppel als höchsten Geist zu verehren«. Es gehe vielmehr darum, »daß der größte Geist ausgeschaltet werden« könne, »wenn sein Träger von einem Gummiknüppel erschlagen« werde – »wie tatsächlich in der Geschichte nicht selten die bedeutendsten Köpfe unter den Hieben kleinster Heloten endeten«.[237] Unmittelbarer kann politische Gewalt nicht »plausibilisiert« werden.

Es ist ein elementares Zeichen der Gewaltbereitschaft, wenn in der Ausübung von Gewalt ihr Erleiden mit anerkannt wird. Es gibt eine Anekdote in *Mein Kampf*, die diese Anerkennung der Gewalt als Gegengewalt eher beiläufig enthält. Hitler gibt ihr die beinahe literarisch wirkende Überschrift »*Der Zug nach Koburg* im Oktober 1922«.[238] Am 14. und 15. Oktober fand im bayerischen Coburg ein Treffen deutschvölkischer Gruppen statt. Hitler erschien auf der Veranstaltung mit 650 SA-Männern, um die Stadt gegen den »roten Terror«[239] zu verteidigen. Man habe ihnen dann die Zugfahrt zurück nach München verweigert. Daraufhin habe er, Hitler, den »Rädelsführern« mitteilen lassen, dass man den Zug auch selbstständig nach München steuern werde, mit »ein paar Dutzenden von Brüdern der internationalen Solidarität« besetzt, und darauf hingewiesen, »daß die Fahrt mit unseren eigenen Kräften selbstverständlich ein unendlich riskantes Unternehmen sein würde und es nicht ausgeschlossen wäre, daß wir uns alle zusammen Genick und Knochen brächen«.[240] Man hat den Eindruck, Hitler habe damit unabsichtlich die Geschichte des »Dritten Reichs« vorweggenommen. Nicht erst am Ende war er bereit, die über das deutsche Volk hereinbrechende Gewalt als naturgemäße Folge der selbst ausgeübten Gewalt anzuerkennen. Die Selbstzerstörung wurde von vornherein mitkalkuliert.

Mit der Steigerung der Gewalt nicht nur zur »Waffe« gegen den Staat, sondern zur möglichen Selbstvernichtung in der angekündigten Vernichtung des Anderen erhält die Gewalt eine Bedeutung, die den politischen Diskurs, der tendenziell einen pragmatischen Rahmen akzeptiert, übersteigt. Dieser Exzess der Gewalt, der die Sprache von *Mein Kampf* durchdringt und die Lektüre beansprucht, ruft nach einer Interpretation, die die politische Theorie verlässt.

Gewiss wäre hier die Möglichkeit, mit Erich Fromm an Freuds Triebtheorie anzuknüpfen und mit der Hypothese vom »Todestrieb« Hitlers Gewaltvorstellungen zu analysieren.[141] Ich möchte dagegen an den Kern von Hitlers Weltanschauung, an den für ihn überall anwesenden Kampf ums Dasein erinnern. Die Konsequenz dieser Naturalisierung des menschlichen Lebens, wo und wie immer es sich darstellt – zum Beispiel als Kampfschrift –, totalisiert die Gewalt zu einer allgegenwärtigen Erfahrung – *Gewalt ist kein Instrument der Politik, sondern die Wahrheit des Seins.* Insofern der Mensch nur so lebt, als er sich über den Anderen erhebt oder hinter ihm zurückbleibt, als er ihn zur Fortpflanzung selektiert oder ihn vernichtet, wird ein friedliches Miteinander entweder zur Fantasterei oder zur Heuchelei. Und so wäre es sogar möglich, Freuds Zusammenspiel von Eros und Thanatos in die darwinistische oder sozialdarwinistische Matrix von *Mein Kampf* zu integrieren.

Vernunft und Vernichtung

Die Vernichtung des Anderen – einer Anderen, die nicht zu mir gehört, die sich von mir abgetrennt hat, die sich von mir unterscheiden will – ist für die Philosophie von Anfang an ein Thema. Es lässt sich dabei ein sehr naheliegendes Kriterium angeben. Der Andere, der mir ähnelt oder sogar gleicht, stellt kein Problem dar. Die Schwierigkeit beginnt, wenn die Andere einen anderen Körper hat; ein anderer Körper ist dabei immer einer, der von meinem eigenen abweicht – in der Begegnung mit diesem anderen Körper, so betonen es viele Rassismus-Forscher, besteht die Urszene des Rassismus. Dass die Hautfarbe dabei eine zentrale Bedeutung einnimmt, liegt auf der Hand.[242] Doch sie ist offenbar nicht der einzige Andersheitsindikator, der als bedrohlich empfunden wird. Der Körper bietet noch weitere Reizflächen, die in letzter Konsequenz Vernichtungsfantasien evozieren.

Das beginnt schon bei Platon. In der *Politeia* erwägt dieser, dass Kinder, die, wie Schleiermacher übersetzt, »verstümmelt geboren« (460c) würden, an einen unzugänglichen und unbekannten Ort gebracht werden sollten. Deren Körper wird nicht nur als anders und als ein anderer betrachtet, sondern als dermaßen anomal, dass die Gemeinschaft ihn aus sich ausstößt. Gegen diese Unglücksgeburten musste man vorgehen. Zugleich sollten Kinder lediglich von in ihrer Blüte Stehenden gezeugt werden (460d). Die Eugenik hatte begonnen.

Im Mittelalter machte der Begriff des *monstrums* Karriere, am Rand der christlichen Welt lebende, schier unvorstellbare Wesen. Die »einschenklichen Lebewesen, die Fußschattner, Pferdefüßler, Hundsköpfe, Großlippigen, Großohrigen und Kopflosen, Mundlosen, Lang- und Kurzlebigen, die Amazonen«[243] seien *monstra*, schreckliche Erscheinungen, die freilich allesamt Zeichen eines unchristlichen Lebenswandels waren. Man hat darauf hingewiesen, dass bei diesen Phantasmagorien offenbar »antike Fabelnachrichten« mitgewirkt hätten. Es gab kaum empirisches Wissen – und offenbar wollte man auch bis zum Beginn der Neuzeit ein solches nicht suchen.

Was dann die ersten Kolonisatoren berichteten, war ebenfalls von christlichen Vorstellungen geprägt. Die Nacktheit der begegnenden Menschen wurde entweder als zu vernichtende Sündhaftigkeit oder als Überbleibsel des Paradieses gedeutet. Der sogenannte »Wilde« war entweder ein Tier oder ein Übermensch. Das endete zumeist in Genoziden – oder in »Mulatten«.[244] Die Kolonisation im 19. Jahrhundert erzählt oft dieselben Geschichten. Nicht umsonst bezieht Hannah Arendt ihren Begriff für die Shoah aus der Geschichte der imperialistischen Kolonisierung Afrikas: Sie spricht vom »Verwaltungsmassenmord«.[245]

Die Extermination des Anderen war für Hitler nichts, worüber er sich viele Gedanken machen musste. Wenn er in *Mein Kampf* schreibt: »Die Nationalisierung unserer Masse wird nur gelingen, wenn bei allem positiven Kampf um die Seele unseres Volkes ihre internationalen Vergifter ausgerottet werden«,[246] hätte er sich auf den deutschen Philosophen Jakob Friedrich Fries beziehen können, der 1816 schrieb: »So hat die Judenkaste, wo sie zugelassen wird, auf das ganze Volk, oben wie unten, auf hohe und niedere eine fürchterliche demoralisierende Kraft. Das ist also das wichtigste Moment in dieser Sache, *daß diese Kaste mit Stumpf und Stiel ausgerottet werde, indem sie offenbar unter allen geheimen und öffentlichen politischen Gesellschaften und Staaten im Staate die gefährlichste ist.*«[247] Der Hauptförderer von Fries lehrte in Jena und hieß Fichte. Der hatte schon mehr als zwanzig Jahre davor gewarnt, den Juden Bürgerrechte einzuräumen; man müsste ihnen denn »in einer Nacht allen die Köpfe abschneiden und andere aufsetzen«. Hitlers Diskurs ist mit dem der Philosophie verbunden.

*

Mein Kampf etabliert zudem einen Diskurs des Körpers, in dem der Andere als Körper sprachlich vernichtet wird, indem er als Objekt einer immer schon notwendigen »Ausrottung« betrachtet wird. Davon wird der eigene – prinzipiell männliche – Körper unterschieden.

Wenn Hitler vom »schwarzhaarigen Judenjunge[n]« spricht, der, »satanische Freude in seinem Gesicht, auf das ahnungslose Mädchen« lauere,[248] dann ist diese Vorstellung eher noch harmlos. Auch seine

Warnung vor der »Verführung von Hunderttausenden von Mädchen durch krummbeinige, widerwärtige Judenbankerte«,[249] scheint beinahe ein gewisses Lokalkolorit anklingen zu lassen. Ein »Bankert« ist ein uneheliches Kind, ein »Bastard«. Das Wort geht auf die Vorstellung von Kindern zurück, die nicht im Ehebett, sondern auf der Schlafbank der »Magd« gezeugt worden sind.

Anders wird es, wenn man die zu Sieg und Vernichtung sich aufbauenden Körperbilder beobachtet. Berühmt ist etwa Hitlers Kennzeichnung seiner soldatischen Wunschmänner: Sie sollten »[f]link wie Windhunde, zäh wie Leder und hart wie Kruppstahl« sein.[250] Stein und Stahl haben es dem »Baumeister« überhaupt angetan. Der Körper müsse sich einer »eisernen Abhärtung«[251] unterziehen, auch um sexuelle Abschweifungen zu verhindern. Das könne nicht nur anerzogen, sondern auch biologisch gezüchtet werden.[252] Es sei »im Interesse der Nation, daß sich die schönsten Körper finden und so mithelfen, dem Volkstum neue Schönheit zu schenken«,[253] ein platonischer Gedanke, der nicht wirklich die Schönheit, sondern eher die Kontrolle des Körpers verfolgt. »Rassentheoretische« Publikationen wie die von Hans F. K. Günther lieferten viel beachteten Büchern infames Fotomaterial, auf denen die »arische Rasse« das Schönheitsideal vorgab, gegen das dann absurde Abbildungen anderer »Rassen« gehalten wurden.

Das unmittelbare Modell seiner eugenischen Fantasien liefern Hitler jedoch die Tiere. Jene bekannte Stelle aus dem Kapitel »Volk und Rasse« über die

Abgeschlossenheit der Arten (»Meise geht zu Meise, Fink zu Fink, der Storch zur Störchin« und so weiter) findet eine vielfache Variation. Hitler bezieht sich auf »Fuchs«, »Gans«, Tiger«, »Hasen«, »Hunde«, »Pferde« und, wie eben, auch auf »Windhunde« aus »Kruppstahl« … Ihnen sich anzugleichen ist beinahe eine unweigerliche Konsequenz der naturalistischen Basis von Hitlers Weltanschauung.

Die Juden und andere Feinde werden dabei selbstredend mit anderen, und zwar niederen Tieren, mit »Ungeziefer«[254] und »Rotten von Ratten«,[255] als »Bazillus« und »Parasit«, der »im Körper anderer Nationen und Staaten«[256] lebt, verglichen. Wir wissen, dass das im »Dritten Reich« alles andere als eine Nebensache war. Mit diesen Vergleichen lieferte Hitler die Vorbilder für Propaganda-Filme wie *Der ewige Jude* von 1940. Aber auch die eben erwähnten Fotobücher von »Rassenforschern« folgten solchen Vorstellungen.[257] Zuletzt nahm man sich an der Schädlingsbekämpfung ein Beispiel. All das diente einer spezifischen Rationalität der Vernichtung, die bei Hitler im Tierreich stattzufinden schien.

Es hat sich eingeschliffen, zwischen Konzentrations- und/oder Arbeits- und Vernichtungslagern zu unterscheiden. In den Letzteren ging es darum, die »Gesamtlösung der Judenfrage«[258] zu realisieren. Doch bevor das geschah, hatte man schon das Verständnis von einem menschlichen Leben auf das niederer Tiere reduziert. Vom Tod in den Vernichtungslagern schreibt Hannah Arendt: »Der Mord geschieht hier ganz ohne Ansehen der Person; er kommt dem Zerdrücken einer Mücke gleich.«[259]

Das muss womöglich wörtlicher genommen werden, als Arendt sich dachte. Denn die Naturalisierung des Menschen in *Mein Kampf* lässt es tatsächlich nicht mehr zu, zwischen Ratten, Mücken oder Bazillen und Menschen einen Unterschied zu machen. Und was wissen wir wirklich vom Leben einer Mücke …

Am Ende dieser Logik steht das Vernichtungslager. Die Herkunft des Begriffs ist ungewiss; unwahrscheinlich, dass die Nationalsozialisten ihn verwendeten. Rudolf Höß, der Kommandant von Auschwitz, sprach nach dem Krieg von der »größten Menschen-Vernichtungs-Anlage aller Zeiten«.[260] Doch was bedeutet es, einen Menschen zu vernichten? Arendt verweist darauf, dass das Vernichtungslager zunächst eine »Fabrikation von Leichen«[261] war, dass es demnach Stoff produzierte und keineswegs vernichtete, schließlich musste noch die Asche zum Verschwinden gebracht werden – vor der anrückenden Roten Armee und womöglich noch vor sich selbst. Vernichtung geht über Tötung hinaus. Sie überführt einen Körper und seine Geschichte ins Nichts.

Dass eine solche Weltanschauung die »Rassenhygiene« als Eugenik zur Grundlage der »Volksgesundheit« fordert, liegt auf der Hand. Dazu schreibt Hitler in *Mein Kampf*: »Die Forderung, daß defekten Menschen die Zeugung anderer ebenso defekter Nachkommen unmöglich gemacht wird, ist eine Forderung klarster Vernunft und bedeutet in ihrer planmäßigen Durchführung die humanste Tat der Menschheit. Sie wird Millionen von Unglücklichen unverdiente Leiden ersparen.«[262] Eine weitere naturalistische Reduktion, die ebenso am Tierreich orientiert zu sein scheint. Wie es »unmenschlich« ist, ein krankes Tier leiden zu lassen, so ist es »menschlich«, den »defekten Menschen« von seinem Leiden zu befreien.

Nietzsche scheint solche Ideen vorweggenommen zu haben, wenn er in einem Nachlassfragment notiert: »– jene ungeheure *Energie der Größe* zu gewinnen, um, durch Züchtung und anderseits durch Vernichtung von Millionen Mißrathenen, den zukünftigen Menschen zu gestalten und *nicht zu Grunde* zu gehn an dem Leid, das man *schafft*, und dessen Gleichen noch nie da war!–«[263] Da ist sie wieder, die Posener Moral, die die Anständigkeit des Massenmörders rühmt, die Härte seiner Aufgabe. Darüber hinaus erweist sich Nietzsche als Anhänger einer eugenischen Deutung des Darwinismus. Dieser mögliche Zusammenhang war im Kontext der Nietzsche-Literatur übrigens bereits früh aufgefallen.[264]

Keine Frage, dass Nietzsche und Hitler im Kontext eugenischer Ideen denken, die sie auf die platonische Apotheose der Spartaner zurückführen können.[265] Die Andersartigkeit der »Mißrathenen« – auf diesem Niveau zunächst des anderen Körpers – wird von der an der Regel orientierten und sie erst bildenden Vernunft ausgestoßen und in der Konsequenz vernichtet. In ihrem Selbstverständnis ist diese Vernichtung ein Akt aus »Liebe« (Nietzsche), geradezu die »humanste Tat« (Hitler) – schließlich handele es sich um »lebensunwertes Leben«.[266] Wollte man solchen Legitimationen Glauben schenken, hätte sich heute die Begründungsrichtung umgedreht: In der pränatalen Diagnostik wird weniger an die Trisomie 21 des Kindes gedacht als an das alltägliche Leben der Eltern. Damit soll natürlich in keiner Weise ein sich zur Abtreibung entscheidendes Elternpaar mit eugenischen Gedanken bei Nietzsche und Hitler verglichen werden.

Entlang der exterminatorischen Passagen in *Mein Kampf* – wie auch entlang derjenigen von Fries und Nietzsche oder überhaupt Spuren entlang, die die Vernichtung des Anderen in der Geschichte des Denkens hinterlassen hat – nähert man sich einem Hass-Zentrum, ohne das die Weltanschauung des Nationalsozialismus nicht verstanden werden kann – wenn es hier überhaupt etwas zu verstehen gibt. Es ist ein Hass, der auf abgründige Weise auch der Philosophie alles andere als fremd ist. Nietzsches Rede von der »Weisheit« als eines »Raben, den ein kleiner Geruch von Aas begeistert«, trifft einen Moment des Denkens, der nicht zu leugnen ist. Es gibt Schlaglichter einer Begeisterung am Tod und an der Verwesung, die nur der philosophische Narzissmus übersehen will, um sich auf diese Weise der Verantwortung zu entziehen und sich noch einmal mit einer letztlich völlig unphilosophischen Arglosigkeit zu belasten.

Darum ist auch Hitlers *Mein Kampf* nicht exzeptionell. Zu tief ist das Buch in seinem Hass in eine Geschichte verstrickt, deren Anfang sich in grauer Vorzeit verliert; eine Vorzeit, deren Spur die Geschichte kennzeichnet. Exzeptionell ist jedoch, auf welche Weise dieser Hass dann die konkrete Politik des »Dritten Reichs« bestimmen sollte. Die

Massenmorde am »lebensunwerten Leben«, an Hitlers »defekten Menschen« in der Aktion T4 sowie der Shoah sind einzigartige Realisierungen eines Hasses, der – man mache sich keine falschen Hoffnungen – nach 1945 nicht verschwunden ist.

Hitler, die Philosophie und der Hass

Der Motor von *Mein Kampf*, seine Energie, ist der »Haß«, von dem Hitler sagt, dass er »in diesen Nächten« der Niederlage »wuchs«.[267] Mehr noch: Es geht um einen *fanatischen Hass*, der sich an der Fixierung und der Wiederholung des Einen – des Todes – berauscht. In einer solchen Schleife von Hass und Gewalt, einem solchen Zirkel, entfaltete sich eine Weltanschauung, die die ganze Welt mit Krieg und Genozid überziehen sollte. Doch was ist ein Hass, der sich in seiner Weltanschauung durchaus konsequent zur Sprache zu bringen vermochte? Haben wir eine Ahnung, worum es geht?

Derridas Hinweis, wir hätten den Nationalsozialismus »noch nicht gedacht« und könnten ihn auch nicht denken, wenn wir ihn von den geistes- und wissenschaftsgeschichtlichen Diskursen des 19. und 20. Jahrhunderts isolieren würden, scheint an dieser Stelle an seine Grenze zu kommen. Denn was ist der Hass, wenn nicht ein Affekt, der sich radikal jedem philosophischen Diskurs zu entziehen scheint? Wer hasst, denkt nicht … Woher kommt der Hass?

Die Philosophie hat den Hass, wenn sie sich ihm überhaupt zugewendet hat (Spinoza, Scheler), als die Rückseite der Liebe verstanden. Das entspricht der bekannten Ansicht, Hass sei enttäuschte Liebe, ein Nachklang der Bestimmung des Bösen als Beraubung des Guten *(privatio boni)*. Außerdem hat man Hass und Liebe als Affekte bestimmt, als gefühlshafte Zustände, die die Vernunft verwirren. Diese Auffassung wird dem Hitler'schen Hass nicht gerecht. Vermutlich kann sie überhaupt jenen Hass, der zu Krieg und Völkermord führt oder auch nur zur bewussten Diskriminierung des Anderen, nicht fassen.

Carolin Emcke hat recht, dass der Hass kein »vages Gefühl« sei, »das sich mal eben, aus Versehen oder aus vorgeblicher Not«, entlade. Hass sei »kollektiv« und »ideologisch geformt«.[268] Hitlers Hass ist tatsächlich kein Affekt – oder doch ein Affekt, der zu einer Funktion seiner Weltanschauung wird und damit kein reiner Affekt mehr ist. Sein ständiger Hinweis, der Antisemitismus würde auf wissenschaftlichen Erkenntnissen beruhen, ist zwar unhaltbar, doch er manifestiert ein Bewusstsein, das nicht einfach blind und brutal losschlagen will. Kollektiv ist dieser Hass insofern, als Hitler natürlich nicht der einzige Antisemit seiner Zeit gewesen ist. Ob allerdings der »normale« Antisemit Hitler in seine Vernichtungsvisionen gefolgt wäre?

Hitlers Weltanschauung bildet den Hintergrund seines Hasses. Sie kanalisiert ihn, gibt ihm seinen Ort. Ihr Zentrum ist die Naturalisierung aller Verhältnisse, der Kampf ums Dasein, der sich mühelos mit Idealismus verbinden lässt, gerade wenn man eine Synthesis mit ihm erst gar nicht erstrebt. Diesen Kampf ums Dasein hat Hitler im Ersten Weltkrieg und vor allem in seinem Ausgang unmittelbar erfahren. Das hat sich in *Mein Kampf* überall niedergeschlagen. Der Kampf und die Gewalt dominieren jeden Gedanken, weil sie alles Leben dominieren. Es scheint, dass der Hass ein Element dieses Lebens ist.

*

Es gehört zu Spinozas Affektenlehre, Liebe und Hass folgendermaßen zu definieren: »Wenn wir uns vorstellen, daß jemand ein Ding, das wir lieben, mit Freude affiziert, werden wir mit Liebe zu ihm affiziert werden. Wenn wir uns andererseits vorstellen, daß er es mit Trauer affiziert, werden wir hingegen auch mit Haß auf ihn affiziert werden« (Pars tertia, propositio 22). Das erste Ding, das wir lieben, sind wir selbst. Daher erfahre ich in der Begegnung mit dem Anderen Liebe, wenn er sich mir freundlich und verlässlich nähert. Er erscheint mir als Freude meines Lebens. Ich erfahre dagegen Hass, wenn er sich mir feindlich und verschlossen nähert, denn er macht mich traurig. Die Traurigkeit des Lebens hängt mit der unauflösbaren Anwesenheit des und der Anderen zusammen.

Abgesehen davon, dass auch hier der Hass als ein Mangel an Liebe auftaucht, ist die Beobachtung, der Hass könne etwas mit der Trauer des Lebens zu tun haben, vielversprechend. Deleuze hat in seinem Buch über Spinoza darauf hingewiesen,[269] dass ich dem Anderen überall im »Naturzustand« begegne, im Kampf ums Dasein, in dem es andauernd wo und wie auch immer um Sieg oder Niederlage geht: »Im Naturzustand lebe ich [...] in der Zufälligkeit des Aufeinandertreffens.«[270] Die Begegung mit dem und der Anderen ist unausweichlich. Ich muss mit Anderen leben. Zugleich ist sie zufällig, denn wem ich wann und wo begegne, kann ich nicht wissen. Der oder die Andere ist aber zuerst ein Körper, der sich mit seinen Bedürfnissen gegen meinen Körper behauptet. So beginnt Deleuzes Beschreibung eines Zustands, der »vorherrschend von Traurigkeit«[271] bestimmt ist, denn »ich habe keinerlei Gelegenheit, auf Körper zu treffen, die sich direkt mit meinem zusammensetzen«. Die Anderen erweisen sich stets als Widerstände, ich kann mich nicht mit ihnen vereinen, sie sind gegen mich, mir zuwider. Ich werde demnach genötigt, mich auf diese Weise mit ihnen auseinanderzusetzen. Diese Nötigung äußert sich als Hass. Denn stets bin ich im »Aufeinandertreffen« mit der Möglichkeit der Niederlage konfrontiert. Ich muss also diese Möglichkeit verhindern und vermeiden, indem ich den Anderen übertreffe. So kann dem Hass eine Freude entspringen, die wir auch als Schadenfreude kennen. Deleuze verweist jedoch darauf, dass selbst »mehrere Siege, die ich in Aufeinandertreffen mit mir entgegenseienden Körpern davontrüge«, »vergeblich« wären, denn »diese Triumphe oder diese Freuden des Hasses« könnten »nicht die Traurigkeit aufheben, die der Haß einschließt«.[272] Also entsteht daraus ein Leben, das sich über seine eigene Traurigkeit nicht hinwegzusetzen vermag.

Daraus befreit uns nur eines, nämlich das »*Aufeinandertreffen zu organisieren*«. Deleuze unterscheidet eine »Anstrengung« des Lebens als »Suche nach dem Nützlichen« von einer »Anstrengung« als

»Suche nach einer Organisation des Nützlichen«. Dass wir als Lebewesen überall das »Nützliche« suchen, ist unausweichlich. Auch die Anderen sind uns nützlich, unnützlich oder hinderlich. Wir seien »immerzu bestimmt, gewisse Körper zu zerstören, auch nur um zu bestehen«, wir könnten »nicht jedes schlechte Aufeinandertreffen vermeiden«, wir können nicht »den Tod vermeiden«. Doch wir können uns »anstrengen, »uns mit dem zu vereinen, was mit unserer Natur übereinstimmt«. Daher erwarteten »wir mit Recht, und definitionsgemäß, ein Maximum an freudigen Affektionen«.[273]

Ich übersetze das in eine andere Sprache: Der Kampf ums Dasein ist die naturalistische Matrix unseres Lebens, das sich in Gesellschaften organisiert. Sie ist insofern seine Matrix, als wir uns – bei aller Moral und Ethik – keine Organisation der Gesellschaft vorstellen können, die auf die Dynamik der verschiedenen individuellen Kraftäußerungen ihrer Mitglieder zu verzichten vermag. Wissenschaft, Technik und Ökonomie leben naturwüchsig davon, dass sich Individuen erfolgreich durchsetzen. Denn nur der Erfolg bringt Innovationen hervor, steigert die Produktion, fördert ihr Leben. Daraus entspringt ein prinzipielles Gegeneinander, das durch einen Friedensvertrag im Zaum gehalten wird. Strukturelle Ungerechtigkeit in der Gesellschaft – wenn man davon sprechen kann – ist ein Nebeneffekt dieses Naturalismus.

Die naturalistische Wende in der zweiten Hälfte des 19. Jahrhunderts erreicht auf diese Weise unsere Gegenwart. Der heute unumstrittene Kapitalismus ist nur eine andere Form ihrer Auswirkung. Der Mensch mit seinem Leistungspotenzial ist seine biologische Keimzelle. Seine Verdinglichungen im Gesundheitswesen spielen eine immer größere Rolle im Sozialen, das in seinen Funktionen ebenso den Menschen verobjektiviert. Wer auch immer eine primär moralische Auffassung des humanoiden Lebewesens verfolgt, muss sich mit seiner naturalistischen Basis konfrontieren. Das gehört natürlich alles in allem zum Diskurs der Biopolitik.

Der Naturalismus der Gesellschaft ist als die Quelle von Hass ihre eigene Voraussetzung.[274] Keine Gesellschaft ohne Hass. Der Kampf mit den Anderen, der Hass bewirkt, wird also schon vom Hass motiviert, Hass provoziert Hass. Wenn Ende der Sechzigerjahre die Terroristin Gudrun Ensslin fordert: »den 24-Stundentag auf den Begriff Haß […] bringen«,[275] dann versteht sie nicht, dass diese Äußerung die soziale Tatsache des Hasses bereits voraussetzt, dass sie lediglich auf ihn antwortet. Allerdings stimmt es, dass er selten »auf den Begriff« gebracht wird. Es gibt wohl eine Rede des Hasses *(hate speech)*, aber keine Sprache des Hasses. Für gewöhnlich verbirgt sich der Hass in Symptomen, die den nackten Hass verbergen.

Der Hass bildet einen Zirkel oder eine Schleife, eine Bewegung also, die sich in ihrer internen Dynamik zu steigern vermag. Während er in und von den Funktionen der Gesellschaft für gewöhnlich aufgefangen und höchstens symptomatisch wird, sich auch als Lust am Untergang der Anderen selbst genießt, kann der Hass in der Auflösung oder auch nur Verschiebung jener Grenzen, die ihn in der Normalität der Gesellschaft kontrollieren, zur nackten Gewalt werden. Das wusste Hitler, der Techniker des Hasses, sehr genau.

In dieser Hass-Schleife gehen Selbstliebe und Hass ineinander über, fordern sich wechselseitig heraus. Ich liebe mich, indem ich besser bin als der Andere; ich bin besser, indem ich ihn hasse (sie unter mich hinabdrücke); ich liebe mich, ... Kant hat die Dimension des »radikal Bösen« nicht zu Ende gedacht. Es geht nicht so sehr darum, dass in der Selbstliebe der Handelnden der »gute Wille« fehlt, sondern dass er sich auf sich selbst zurückwendet und sich so im Bezug auf die Anderen desinteressiert. Die sich selbst liebende Philosophin findet nichts daran, dass sie selbst Gegenstand ihres »guten Willens« wird. Dass in dieser Selbstdurchsetzung die Andere gleichgültig wird, fällt ihr nicht auf, kann ihr möglicherweise auch nicht auffallen. Denn die erfolgreiche Selbstdurchsetzung wird ihr von der dynamischen, erfolgsabhängigen Gesellschaft positiv gespiegelt. Sie, die Gesellschaft, erzieht zum Narzissmus, dem der Hass, zu dem der Narziss sich nicht bekennen will und den er dadurch realisiert, innewohnt.

Anders gesagt: Hass zeigt sich nicht nur in *hate speech*[276] oder in konkreten Akten der Gewalt gegen Andere. Dieser sich grob äußernde Hass ist nur ein hässlicher Ausdruck eines tieferen, sich latent meldenden, zuweilen sehr smarten und eleganten Hasses. In der Gesellschaft ist jeder und jede potenziell mein Konkurrent; ich betrachte sie unter dem Gesichtspunkt des Besiegens und Übertreffens, muss sie so betrachten, weil das eine Grundregel unseres gesellschaftlichen Lebens ist. Diesen Zustand erfahre ich als eine permanente Herausforderung, auf die ich mit der tiefsten Enttäuschung reagiere, die das Leben mir antun kann. Dafür leben wir etwa? Da ist sie, die Trauer. Die Folge ist, dass ich hasse.

Selbsterhaltung oder der *conatus* wären demnach hassgetrieben? Meine selbstverliebte Selbsterhaltung richtet sich durch viele Vermittlungen hindurch auf den oder die Andere, um sie oder ihn von dem Platz zu verdrängen oder abzuhalten, den ich erstrebe. Diese Erfahrung, dem oder der Anderen Leben abzuringen, das ich für mich reklamiere, eine Erfahrung, die sich uns beinahe entzieht, lässt einen schon vorausgesetzten Hass aufkommen, der schwer zu interpretieren ist. Richtet er sich einzig und allein auf die Anderen? Oder doch auch auf mich selbst? Ist der Hass der Selbstliebe nicht dann immer ebenso Selbsthass? Das scheint schon deshalb so zu sein, weil wir mit der erstrebten Niederlage der Anderen die Möglichkeit des eigenen Untergangs bestätigen müssen.

Götz Aly hat in einer älteren Studie gefragt: »Warum die Deutschen? Warum die Juden?«[277] Der »tückische, scheele Blick auf den Rivalen, die üble Nachrede und der Rufmord« würden »dem Erfolgreichen, erst recht dem Außenseiter« gelten. Dabei vergifteteten »sich die Neider selbst«, würden »immer unzufriedener und noch gehässiger«. Sie würden »diesen Charakter schamhaft hinter allerlei vorgeschobenen Argumenten« verstecken, »zum

Beispiel hinter einer Rassentheorie«.[278] Neid ist eine Form des Hasses im Kampf ums Dasein. Ob allerdings die »Rassentheorie« in der Aufklärung aus Hass geboren wurde? Auch wenn der renommierte Historiker die Hypothese einer naturalistischen Matrix der Gesellschaft womöglich nicht teilt, müssen doch der Neid und der Hass eine Ursache haben, wenn sie nicht vollkommen illusionär sein sollen.

Dieser Naturalismus der Gesellschaft ist natürlich nicht der Kampf ums Dasein auf unvermittelter biologischer Grundlage. Es geht im Leben der Gesellschaften nicht direkt um die körperliche Überwindung des anderen Körpers, sondern um Strategien, im scheinbar körperlosen Wettbewerb erfolgreich zu sein. Diese Strategien mögen undeutlicher sein als biologische Prozesse, die sich einer genauen Beschreibung nicht entziehen. Doch sie bleiben verobjektivierbar – etwa wenn sich nicht immer der fachlich bessere, der gebildetere, sondern mitunter der sozial geschicktere Typus durchsetzt. Überhaupt erinnert die Strategie ans Militärische. Noch in der Kombination verschiedener Strategien manifestiert sich das naturalistische Axiom der Selektion, der Durchsetzung des Fähigeren. Die pränatale Diagnostik zur Verhinderung der Trisomie 21 ist dabei ein eher nebensächliches Beispiel. Erfahrungen während der Corona-Pandemie vor allem außerhalb von Mitteleuropa und Asien werden uns demgegenüber noch Jahrzehnte beschäftigen. Die Entstehung einer globalen Biokratie erscheint als eine überraschend hemmungslose Offenbarung jenes unvermeidlichen Naturalismus.

Insofern sich die Mitglieder einer Gesellschaft alle bemühen, sich in ihren Anstrengungen wechselseitig zu unterstützen, indem sie gleichsam einen Friedensvertrag aushandeln, kann Freude maximiert, Traurigkeit minimiert werden. Der Hass erscheint kontrollierbar. Aber auch nur das. Denn das naturalistische Fundament der Gesellschaft als solches kann nicht vermieden oder aufgehoben werden. *Der Hass ist soziale Energie, auf ihn zu verzichten unmöglich*. Daher kennen wir die Welt nur als eine von Siegern und Verlierern. Und darum bleibt der Hass eine latente Möglichkeit, die dem Kampf ums Dasein entspringt, indem sie ihn in seiner Verwirklichung bestätigt.

Das erreicht noch die Welt der Philosophen und Philosophinnen. Auch und selbst in ihr kann der Kampf ums Dasein, die Differenzierung der Teilnahme an ihm in Sieg oder Niederlage, nicht überwunden werden. Das wirft ein Licht auf die Philosophie: Sie, die glaubt, dem Guten zu dienen, kann den naturalistischen Rahmen des menschlichen Lebens nur – ihn bestätigend – organisieren, nicht befrieden. Moral und Ethik sind ihre Versuche, doch sie müssen scheitern, solange Wissenschaft, Technik und Ökonomie dynamische Formen jener biopolitischen Organisation selbst sind und solange sich diese Organisation in Institutionen ausdifferenziert. Den Hass als Mangel an Liebe zu denken, ist dann nur ein Versuch, ihn zu leugnen. Wohnt der Philosophie utopisch die Möglichkeit einer Lebensform jenseits des Hasses inne, hat sie es doch niemals wirklich geschafft, diese Lebensform in einer entsprechenden Gemeinschaft zu realisieren. Sie hat sich dem Kampf ums Dasein kampflos unterworfen.

Es scheint ein aussichtsloses Projekt zu sein, einen Ort jenseits des Hasses aufsuchen zu wollen. »Gegen den Hass« zu sein, ist dem Menschen zwar in seinem moralischen Selbstverhältnis möglich. Man kann sich in seiner Selbstliebe gut finden. Doch indem der Mensch ein Mitglied der Gesellschaft ist, kann er sich so oder so dem Hass nicht entziehen. Carolin Emcke, die wie viele andere aktuelle Schriftsteller und Schriftstellerinnen die Liebe wählen will, bleibt als Bestsellerautorin sowie als Mitglied einer akademisch und das heißt ökonomisch privilegierten Gruppe eine Kämpferin ums Dasein, die sich durch ihren Erfolg über Andere hinwegsetzt. Der Hass ist kein transzendentales, sondern ein natürliches Element der Gesellschaft.

Es ist die Selbstliebe, der Narzissmus, die/der es vielfach verhindert, sich den Hass auf die Trauer des Lebens einzugestehen. *Das Böse der Philosophie besteht in der narzisstischen Ignoranz dieser ihrer naturalistischen Kondition, sich in ihrer als Reflexion realisierenden Selbstliebe vom Hass auf den Anderen und die Andere nicht lösen zu können.* Dabei wäre dieses Eingeständnis – narzisstische Verletzung – der Anfang, den Hass zu beschränken. Dann würde der Einblick in das unthematische Verstricktsein der Philosophie im Kampf ums Dasein eine Wunde in ihr Selbstverständnis schlagen, dem aufginge, dass die Rede von der Liebe zur Weisheit bisher ein leeres Versprechen war. Denn die Weisheit kennt wie Nietzsches Rabe den Geschmack des Kampfes, des Untergangs und der Verwesung. Wo das Leben siegreich ist, ist es eh aus mit dem Denken. Doch noch hat die Philosophie nur Erleichterungen dieses Zustandes gefunden, keinen Ausweg aus ihm. Und sie macht nicht den Anschein, als würde sie es ernsthaft versuchen. Sie zerschellt an der Unphilosophie.

Die Grenze der Philosophie ist demnach das natürliche Element des Lebens, die Unmöglichkeit, seine Dynamik und Energie anders als in ebendiesen Kategorien zu denken und vor allem zu leben. Philosophie ist dann – wenn sie nicht ohnehin nur ein weiterer von Raben umflatterter Kriegsschauplatz ist – vielleicht gar nichts anderes als eine Art von Beschäftigungstherapie, die uns davon abhält und ablenkt, diese Grenze zu instrumentalisieren? Könnte sein. Hitler hat sich diese Grenze, an der alle Vernunft endet, zunutze gemacht. Er hat jenseits ihrer eine Terrorherrschaft errichtet, die noch bis heute ihresgleichen sucht; die Terrorherrschaft, die darin besteht, den Kampf ums Dasein aus allen Verdeckungen, die ihn für gewöhnlich beinahe unsichtbar machen, zu befreien.

Hitler hat die Gesellschaft nicht mehr als eine Möglichkeit zur Freude, zum Genuss, zur Übereinstimmung verstanden, sondern den Hass und die Traurigkeit selbst zur »Vernunft« ihrer, der Gesellschaft, Organisation erklärt. *Der Hass wurde unverstellt zur zentralen Institution der Gesellschaft gemacht.* Das konnte nur gelingen, weil die große Mehrheit des Volkes davon profitierte. Hitler hat das Leben im Grunde auf das Überleben reduziert oder es doch als eine ständige Folge des Überlebenskampfes betrachtet. Die Vision einer »reinblütigen« Welt hat diese Reduktion forciert. Das war die Konsequenz einer Weltanschauung, die auf verheerende Weise den Diskurs der »Rassenwissenschaft« mit dem Kampf ums Dasein verknüpft hat.

*

Die Identitätspolitik nun ist eine Bestätigung des Zustands, in dem der Kampf ums Dasein aus allen Verdeckungen befreit ist. Sie akzeptiert die naturalistische Basis des Gesellschaftskampfes, indem sie überall zwischen Tätern und Opfern, Mächtigen und Ohnmächtigen, Privilegierten und Diskriminierten unterscheidet. Das Prinzip »Empowerment« verspricht, Diskriminierte an jene vorgeschobenen Positionen des Kampfs zu versetzen, die die Privilegierten teilweise aufzugeben bereit sind, weil ihr schlechtes Gewissen und ihr Selbsthass sie quält, teilweise aber auch hinter leeren Versprechungen verteidigen. Die Gesellschaft ist in erhöhter Bewegung.

Das liegt daran, dass der Gesellschaftskampf Identitäten – seien das Gruppen oder Individuen – gegeneinander aufstellt. Wie diese Aufstellung ausfällt, ist kontingent. Wenn der Weiße über Jahrhunderte hinweg in Europa und seinen Kolonien die Gesellschaften beherrschte, so konnte diese Herrschaft stets nur faktisch, nie rational legitimiert werden: Der Sieger hat immer recht. Deshalb fällt es den aktuellen Gesellschaften keineswegs leicht, die identitären Machtlagen umzuorganisieren. Ideen wie die einer universalen Gleichheit aller Menschen lassen sich im Gesellschaftskampf und auch sonst kaum bestätigen. Darum geht der Wandel, der »gegen den Hass« vollzogen werden muss, so langsam vor sich.

Eine Änderung des Ganzen müsste also über politische Eingriffe ins Bestehende hinausgehen. Solange Leben Leistung bleibt, wird der Naturalismus des Hasses sich bestätigen und fortpflanzen. Dann trennt nur ein kleiner Schritt den Raum der Gesellschaft von einer Welt, in welcher der Hass wieder einmal die Institutionen unverstellt besetzen und Menschen unmittelbar vernichten wird, in welcher der Hass die Triebkraft dieser Gesellschaft ist. *Mein Kampf* ist der Text seiner kalkulierten Entfesselung. Er zeigt uns, wie Hass mehr Hass hervorruft, ihn rechtfertigt und verklärt. Doch auch wenn es höchstwahrscheinlich aussichtslos ist, unter den Bedingungen dieser unserer Gesellschaft an eine Befriedung des Lebens zu denken, dann wäre nicht wenig getan, wenn wir die Steigerungsschleifen des Hasses unterbrechen könnten:

> »Wenn Du vor mir stehst und mich ansiehst, was weißt Du von den Schmerzen, die in mir sind und was weiß ich von den Deinen. Und wenn ich mich vor Dir niederwerfen würde und weinen und erzählen, was wüßtest Du von mir mehr als von der Hölle, wenn Dir jemand erzählt, sie ist heiß und fürchterlich. Schon darum sollten wir Menschen vor einander so ehrfürchtig, so nachdenklich, so liebend stehn wie vor dem Eingang zur Hölle …«[279]

Anmerkungen

1 Jacques Derrida u. Friedrich Kittler, *Nietzsche – Politik des Eigennamens. Wie man abschafft, wovon man spricht*, Berlin 2000, S. 54, und Jacques Derrida, *Otobiographies. L'enseignement de Nietzsche et la politique du nom propre*, Paris 1984, S. 99: »Je ne crois pas que nous sachions encore penser ce qu'est le nazisme. Cette tâche reste devant nous et la lecture politique du corps ou du corpus nietzschéen en fait partie. J'en dirai de même pour le corpus heideggerien ou marxien ou freudien – et de tant d'autres.«

2 Jacques Derrida, Hans-Georg Gadamer u. Philippe Lacoue-Labarthe, *Heidegger. Philosophische und politische Tragweite seines Denkens. Das Kolloquium von Heidelberg*, Wien 2016, S. 65, und Jacques Derrida, Hans-Georg Gadamer u. Philippe Lacoue-Labarthe, *La conférence de Heidelberg (1988). Heidegger. Portée philosophique et politique de sa pensée*, o. O. 2014, S. 82: »Cette chose encore impensée qu'est pour nous le nazisme«.

3 Georg Wilhelm Friedrich Hegel, *Phänomenologie des Geistes. Werke 3*, Frankfurt am Main 1970, S. 57. Ich weiß, dass der Hegel'sche »Begriff« nicht einfach *ein* Begriff ist, dennoch möchte ich an die vor allem von Hegel betonte Bewegung des Denkens erinnern.

4 Martin Heidegger, »Was heißt Denken?«, in: ders., *Vorträge und Aufsätze. GA 7*, Frankfurt am Main 2000, S. 127–143, hier S. 133.

5 Martin Heidegger, *Sein und Zeit. GA 2*, Frankfurt am Main 1977, S. 507.

6 Mein philosophischer Lehrer Klaus Held erzählte mir, er habe im Zuge der Begegnung von jungen jüdischen und nichtjüdischen Deutschen schon in den Fünfzigerjahren ein Seminar über *Mein Kampf* abgehalten; gewiss eine Ausnahme unter deutschen Philosophen und Philosophinnen jener Zeit.

7 Max Horkheimer u. Theodor W. Adorno, *Dialektik der Aufklärung*, Amsterdam 1947.

8 Theodor W. Adorno, *Negative Dialektik*, Frankfurt am Main 1966.

9 Hannah Arendt, *Elemente und Ursprünge totaler Herrschaft. Antisemitismus, Imperialismus, totale Herrschaft*, München u. Zürich 1986.

10 Hannah Arendt, *Eichmann in Jerusalem. Ein Bericht von der Banalität des Bösen*, München u. Zürich 1964.

11 Philippe Lacoue-Labarthe u. Jean-Luc Nancy, *Le mythe nazi*, Paris 1988.

12 Philippe Lacoue-Labarthe, *La fiction du politique (Heidegger, l'art et la politique)*, Strasbourg 1987.

13 Georg Lukács, *Die Zerstörung der Vernunft*, Berlin 1954.

14 Hermann Schmitz, *Adolf Hitler in der Geschichte*, Bonn 1999.

15 Derrida in einem Gespräch mit Didier Eribon: »Croire que le discours européen peut tenir le nazisme à distance comme un objet, c'est dans la meilleure hypothèse une naïveté, dans la pire, un obscurantisme et une faute politique. C'est faire comme si le nazisme n'avait eu aucun contact avec le reste de l'Europe, avec les autres philosophes, avec d'autres langages politiques ou religieux …«, in: {redaprenderycambiar.com.ar/derrida/frances/heidegger.htm}, letzter Zugriff 30.08.2021. In Bezug auf Auschwitz hatte das Adorno so konstatiert: »Daß es [Auschwitz als das Mißlingen der Kultur] geschehen konnte inmitten aller Tradition der Philosophie, der Kunst und der aufklärenden Wissenschaft,

sagt mehr als nur, daß diese, der Geist, es nicht vermochte, die Menschen zu ergreifen und zu verändern. In jenen Sparten selber, im emphatischen Anspruch ihrer Autarkie, haust Unwahrheit.« Theodor W. Adorno, *Negative Dialektik*, S. 359.

16 Volker Ullrich, *Adolf Hitler. Die Jahre des Aufstiegs*, Frankfurt am Main 2013, S. 18. Ullrich macht darauf aufmerksam, dass schon Ian Kershaw »den alten, längst unfruchtbar gewordenen Streit zwischen der ›intentionalistischen‹ und ›strukturalistischen‹ Schule in der deutschen Geschichtswissenschaft definitiv beendet« (ebd., S. 12) hatte.

17 Vgl. Alfred Koschorke, *Adolf Hitlers* Mein Kampf. *Zur Poetik des Nationalsozialismus*, Berlin 2016, S. 33.

18 Gottfried Feder, *Der Deutsche Staat auf nationaler und sozialer Grundlage. Neue Wege in Staat, Finanz und Wirtschaft*, München 1923.

19 Alfred Rosenberg, *Der Mythus des 20. Jahrhunderts. Eine Wertung der seelisch-geistigen Gestaltenkämpfe unserer Zeit*, München 1930. Anfang der Vierzigerjahre editierte Alfred Baeumler Texte von Rosenberg.

20 Vgl. Othmar Plöckinger, *Geschichte eines Buches: Adolf Hitlers »Mein Kampf«. 1922–1945. Eine Veröffentlichung des Instituts für Zeitgeschichte*, München 2006, S. 6: »Beschäftigung mit *Mein Kampf* kann nicht gleichgesetzt werden mit der Beschäftigung mit dem Nationalsozialismus. Dies gilt heute ebenso wie es für die Zeit vor 1945 galt. Darüber hinaus erreicht Hitlers Buch erst nach 1933 jenen symbolträchtigen Status, den es auch heute noch besitzt.«

21 Ian Kershaw, *Hitler 1889–1945*, München 2009, S. 16: »Wie viele Leute das Buch tatsächlich gelesen haben, ist nicht bekannt.«

22 Adolf Hitler, *Mein Kampf. Eine kritische Edition*. Bd. I, Berlin 2016, S. 45. Merkwürdig bleibt dennoch, dass die Herausgeber (vier Männer) angeben, sich in der Gestaltung des Layouts an Talmud- und Bibelausgaben

sowie an der Frankfurter Hölderlin-Ausgabe orientiert zu haben (ebd., S. 75 f.). Schon die Originalausgabe kopierte im Format die Bibel oder das Gesangbuch.

23 Joachim C. Fest, *Hitler. Eine Biographie. Erster Band: Der Aufstieg*, Frankfurt am Main u. a. 1973, S. 292. Dagegen Peter Longerich, *Hitler. Eine Biografie*, o. O. 2017, S. 149: »Es entstand ganz einfach ein unübersichtliches und schlecht lesbares Buch.« Solche Urteile sind nicht besonders hilfreich. Sie verzichten auf jede Verantwortung, der Bedeutung des Textes gerecht zu werden.

24 Barbara Zehnpfennig, *Hitlers* Mein Kampf. *Eine Interpretation*, München 2000, S. 27. Eine weitere ebenso wenig philosophische Auseinandersetzung mit dem Buch stellt dar Sven Felix Kellerhof, *»Mein Kampf«. Die Karriere eines deutschen Buches*, Stuttgart 2015. Kellerhof behauptet, dass »hierzulande eine kritische Auseinandersetzung mit Hitlers Buch nicht gepflegt« (ebd. S. 12) werde.

25 Eine Ausnahme bildet ein Manuskript aus den späteren Dreißigerjahren, in denen Heidegger einen Satz aus der berühmten Rede vom 30. Januar 1939, in der Hitler die »Vernichtung der jüdischen Rasse in Europa« ankündigt, zitiert. Vgl. Martin Heidegger, *Besinnung. GA 66*, Frankfurt am Main 1997, S. 122 f.

26 Vgl. Michael Chighel, *Kabale. Das Geheimnis des hebräischen Humanismus im Lichte von Heideggers Denken*, Frankfurt am Main 2020.

27 Hannah Arendt, *Ich will verstehen. Selbstauskünfte zu Leben und Werk*, München 1996, S. 85.

28 Vgl. Arnold Gehlen, *Der Mensch. Seine Natur und seine Stellung in der Welt*, Berlin 1941, S. 3.

29 Vgl. in meinem Buch *Krise der Wahrheit*, Frankfurt am Main 2021, das Kapitel »Vierzig Jahre Wahrheitstheater«.

30 Immanuel Kant, *Die Religion innerhalb der Grenzen der bloßen Vernunft*, Hamburg 2003, B 27.

31 Johann Gottlieb Fichte, »Beiträge zur Berichtigung

der Urtheile des Publicums über die französische Revolution, 1793«, in: ders., *Werke*. Bd. VI, Berlin 1971, S. 39–288, hier S. 149.

32 Ebd., S. 150 f. (Hvh. i. O.).

33 Friedrich Nietzsche, *Götzen-Dämmerung oder Wie man mit dem Hammer philosophirt*, in: ders., *Sämtliche Werke. Kritische Studienausgabe (KSA)*. Bd. 6, München u. Berlin 1980, S. 67.

34 Martin Heidegger, *Die Geschichte des Seyns. 1. Die Geschichte des Seyns (1938/40). 2. Koinon. Aus der Geschichte des Seyns (1939/40). GA 69*, Frankfurt am Main 1998, S. 44 (Hvh. i. O.).

35 Julian Rappaport, »In praise of paradox. A social policy of empowerment over prevention«, in: *American Journal of Community Psychology* 9/1 (1981), S. 1–25

36 Hitler, *Mein Kampf*. Bd. I, S. 231.

37 Richard Wagner, *Mein Leben*. 2 Bde., München 1911.

38 Hitler, *Mein Kampf*. Bd. I, S. 89.

39 Vgl. Peter Trawny *Die Autorität des Zeugen. Ernst Jüngers Politisches Werk*, Berlin 2009, S. 14. Ich hatte in diesem Buch behauptet, dass Jünger den *Arbeiter* als eine Gegenschrift zu *Mein Kampf* konzipiert hatte. Ein Argument dafür finde ich in einem frühen Aufsatz von Jünger: »Hitler tat einen großen Schritt vorwärts, er sagte, was er wollte, und er sagte es so gut, daß er selbst in weiten Kreisen der Arbeiterschaft schlagartig verstanden wurde. Und leider müssen wir offen zugeben, daß seine Sprache von dem Augenblick an weniger sicher wurde, in dem der Soldat mit seiner politischen Instinktlosigkeit auf ihn Einfluß zu gewinnen begann. [...] Zum mindesten haben wir gesehen, daß gerade der Arbeiter das brauchbarste Instrument des modernen Nationalismus ergibt, wenn man ihn richtig zu packen versteht.« Ernst Jünger, *Politische Publizistik 1919–1933*, Stuttgart 2001, S. 148. Natürlich ist »der Arbeiter« von 1925 nicht der von 1932. Und doch ist bemerkenswert, dass Jünger sich mit Hitler über die Figur des Arbeiters auseinandersetzt.

40 Koschorke, *Adolf Hitlers* Mein Kampf, S. 38: »Auf der anderen Seite geben akademische Leser, sofern sie sich überhaupt der Mühe einer Lektüre von Hitlers Elaborat unterziehen, übereinstimmend zu Protokoll, wie langweilig, unoriginell, phrasenhaft, stilistisch missraten, peinlich geifernd und alles in allem lachhaft sie das Buch finden. Diese Art von Reaktion gab es schon in den Zwanziger Jahren; sie bot damals auf fatale Weise Anlass zu der Zuversicht, dass der Verfasser eines solchen Buches keine politische Zukunft habe.«

41 Hitler, *Mein Kampf.* Bd. I, S. 89.

42 Vgl. ebd., S. 577.

43 Brigitte Hamann, *Hitlers Wien. Lehrjahre eines Diktators*, München u. Zürich 1996, S. 285 f.

44 Hitler, *Mein Kampf.* Bd. I, S. 165.

45 Ebd., S. 165 f.

46 Ebd., S. 167 f.

47 Ebd., S. 799.

48 Martin Heidegger, »Die Zeit des Weltbildes«, in: ders.: *Holzwege. GA* 5, Frankfurt am Main 1977, S. 75–113, hier S. 89.

49 Ebd., S. 93.

50 Ebd., S. 110.

51 Wolfram Pyta, *Hitler. Der Künstler als Politiker und Feldherr. Eine Herrschaftsanalyse*, München 2012, S. 222: »Die autobiographische Beglaubigung einer Weltanschauung war […] kein Malus, sondern der Königsweg, um der Genese des Weltanschauungsanspruchs Plausibilität und Authentizität zu verleihen.«

52 Hitler, *Mein Kampf.* Bd. I, S. 571.

53 Hitler, *Mein Kampf.* Bd. II, S. 977.

54 Hitler, *Mein Kampf.* Bd. I, S. 553. Vgl. Zehnpfennig: *Hitlers* Mein Kampf, S. 103: »So kitschig-pathetisch Hitler die Szene auch schildert, es wird doch in etwa nachvollziehbar, welchen Einbruch dies Erlebnis für ihn bedeutet haben muß.«

55 Max Scheler, *Der Genius des Krieges und der Deutsche Krieg*, Leipzig 1915, S. 2.

56 Ebd., S. 3.

57 Jünger, *Politische Publizistik*, S. 374.

58 Ebd., S. 375.

59 Hitler, *Mein Kampf*. Bd. I, S. 555.

60 Ebd., S. 859.

61 Vgl. auch das Kapitel »Die Verschwörung der Weisen von Zion. Eine Ersatzwahrheit« aus meinem Buch *Krise der Wahrheit*, S. 189–196.

62 Hitler, *Mein Kampf*. Bd. I, S. 557.

63 Hamann, *Hitlers Wien*, S. 576: »Aus den Wiener Verhältnissen läßt sich H.s Karriere jedenfalls nicht ableiten und schon gar nicht begreifen.«

64 Ebd., S. 93 f.

65 Ebd., S. 237–242.

66 Hitler, *Mein Kampf*. Bd. II, S. 1675 (Hvh. i. O.).

67 Ebd., S. 1677.

68 Ebd., S. 1657 (Hvh. i. O.).

69 Hitler, *Mein Kampf*. Bd. I, S. 695.

70 Hitler, *Mein Kampf*. Bd II, S. 1191.

71 Ebd., S. 1193.

72 Ebd. Es ist bekannt, wie wichtig Gustave Le Bons Bestseller *Psychologie der Massen* von 1895 für den ganzen Komplex der Propaganda in *Mein Kampf* ist. Über die »Wiederholung« heißt es im Kapitel »Die Wirkungsmittel der Führer«: »Die Behauptung hat aber nur dann wirklich Einfluß, wenn sie ständig wiederholt wird, und zwar möglichst mit denselben Ausdrücken.« Und: »Das Wiederholte setzt sich schließlich in den tiefen Bereichen des Unbewußten fest, in denen die Ursachen unserer Handlungen verarbeitet werden.« Gustave Le Bon, *Psychologie der Massen*, Stuttgart ^{6}1938, S. 104 f. Es scheint, als hätte Hitler diesen Gedanken zur Achse von *Mein Kampf* gemacht.

73 Hitler, *Mein Kampf*. Bd. I, S. 511. Oder auch: »Jede Reklame, mag sie auf dem Gebiete des Geschäftes oder

der Politik liegen, trägt den Erfolg in der Dauer und gleichmäßigen Einheitlichkeit ihrer Anwendung.«

74 Pyta, *Hitler. Der Künstler als Politiker und Feldherr*, S. 229: »Unter kommunikationspragmatischen Aspekten sind Texte, die im Redestil verfasst sind, vorzugsweise darauf ausgerichtet, den Leser zu beeinflussen.«

75 Die Texte zur »Weltanschauungslehre« sind mehrheitlich am Beginn des 20. Jahrhunderts entstanden.

76 Houston Stewart Chamberlain, *Die Grundlagen des XIX. Jahrhunderts*. I. Hälfte, München 1906, S. 29.

77 Immanuel Kant, *Kritik der Urteilskraft*, Hamburg 2001, § 26 (Hvh. i. O.).

78 Das hat Markus Gabriel im imaginären Klassenzimmer der Geisteshelden korrekt festgestellt. Vgl. Markus Gabriel, *Warum es die Welt nicht gibt*, Berlin 2013.

79 Wilhelm Dilthey, »Antrittsrede in der Akademie der Wissenschaften«, in: ders., *Gesammelte Schriften V*, Stuttgart 1964, S. 10–12, hier S. 11.

80 Wilhelm Dilthey, »Die Typen der Weltanschauung und ihre Ausbildung in den metaphysischen Systemen«, in: ders., *Gesammelte Schriften VIII*, Stuttgart 1960, S. 73–118, hier S. 78.

81 Ebd., S. 81.

82 Ebd., S. 86 f.

83 Karl Jaspers, *Psychologie der Weltanschauungen*, München 1985, S. VIII. Andere Philosophen, die sich noch nach 1920 mit dem Begriff der »Weltanschauung« beschäftigten, sind Max Scheler oder Hans Freyer.

84 Ebd., S. 1.

85 Ebd., S. 19.

86 Ebd., S. 2.

87 Der Name Darwin erscheint in der *Psychologie der Weltanschauungen* nicht.

88 Ebd., S. 126 (Hvh. i. O.).

89 Martin Heidegger, »Anmerkungen zu Karl Jaspers ›Psychologie der Weltanschauungen‹«, in: ders.: *Wegmarken. GA 9*, Frankfurt am Main 1976, S. 1–46.

90 Ob Heidegger, der zu dieser Zeit in Freiburg studierte, an Rickerts Vorlesung teilnahm, ist mir nicht bekannt.

91 Martin Heidegger, *Zur Bestimmung der Philosophie. 1. Die Idee der Philosophie und das Weltanschauungsproblem. 2. Phänomenologie und transzendentale Wertphilosophie. GA 56/57*, Frankfurt am Main ^{2}1999, S. 10 (Hvh. i. O.).

92 Ebd., S. 12.

93 Ebd., S. 214 (Hvh. i. O.).

94 Hitler, *Mein Kampf.* Bd. I, S. 899.

95 Ebd., S. 775.

96 Ebd.

97 Ebd., S. 777.

98 Ebd., S. 567.

99 Ebd., S. 479

100 Hitler, *Mein Kampf.* Bd. II, S. 975 (Hvh. i. O.).

101 Hitler, *Mein Kampf.* Bd. I, S. 479. Vgl. auch Koschorke, *Adolf Hitlers* Mein Kampf, S. 79: »Der Hauptzweck der ideologischen Verlautbarungen besteht in der *Ermächtigung.*«

102 Georg Wilhelm Friedrich Hegel, *Vorlesungen über die Philosophie der Geschichte. Werke 12*, S. 35.

103 Hitler, *Mein Kampf.* Bd. I, S. 479. Wenn Hitler eine gewisse Reserve gegen den Begriff der Revolution walten lässt – war doch die Russische Revolution für ihn eine Ausgeburt des Judentums –, spricht er sich begeistert für den *Fanatismus* aus.

104 Ebd., S. 903.

105 Ebd., S. 905.

106 Ebd., S. 907.

107 Ebd., S. 229.

108 Georg Wilhelm Friedrich Hegel, *Vorlesungen über die Philosophie der Religion II. Werke 17*, S. 73 (Hvh. i. O.).

109 Ebd., S. 86 (Hvh. i. O.).

110 Arendt, *Elemente und Ursprünge totaler Herrschaft*, S. 806.

111 Koschorke, *Adolf Hitlers* Mein Kampf, S. 76.

112 Arendt, *Elemente und Ursprünge totaler Herrschaft*, S. 807.
113 Hitler, *Mein Kampf.* Bd. I, S. 567.
114 Ebd., S. 121.
115 Ebd.
116 Ebd., S. 123.
117 Ebd., S. 237.
118 Ebd., S. 123.
119 Ebd., S. 131.
120 Georg Wilhelm Friedrich Hegel, *Vorlesungen über die Ästhetik II. Werke 14*, S. 276.
121 Hitler, *Mein Kampf.* Bd. II, S. 1201.
122 Ebd. Ob Hitler daran dachte, dass Gurnemanz im Ersten Aufzug des »Parsifal« singt: »Zum Raum wird hier die Zeit«? Wagner hatte jedenfalls verfügt, dass das »Bühnenweihfestspiel« nur in Bayreuth aufgeführt werden dürfe. Als 1913 der Urheberrechtsschutz auslief, versuchte seine Witwe Cosima, sich die Praxis auch rechtlich garantieren zu lassen, was aber misslang.
123 Ebd., S. 693.
124 Ähnliches hatte Heidegger 1935/36 über den griechischen Tempel behauptet. Siehe hierzu Martin Heidegger, »Der Ursprung des Kunstwerkes«, in: ders., *Holzwege. GA 5*, Frankfurt am Main 1977, S. 1–74, hier S. 27 f.
125 Albert Speer, *Erinnerungen*, Frankfurt am Main 1969, S. 69.
126 Vgl. Pyta, *Hitler. Der Künstler als Politiker und Feldherr*, S. 63 ff.
127 Hitler, *Mein Kampf.* Bd. I, S. 133.
128 Ebd., S. 947.
129 Ebd., S. 231 (Hvh. i. O.).
130 Ebd., S. 43.
131 Ebd., S. 271.
132 Ebd., S. 353.
133 Kant, *Kritik der Urteilskraft*, B 181.
134 Hitler, *Mein Kampf.* Bd. II, S. 977.
135 Vgl. auch Hitler, *Mein Kampf.* Bd. I, S. 367: »Ich hoffte,

dereinst als Baumeister mir einen Namen zu machen und so, in kleinem oder großen Rahmen, den mir das Schicksal dann eben schon zuweisen würde, der Nation meinen redlichen Dienst zu weihen.«

136 Walter Benjamin, *Das Kunstwerk im Zeitalter seiner technischen Reproduzierbarkeit*, Frankfurt am Main 1963, S. 44.

137 Friedrich Nietzsche, *Nachgelassene Fragmente*, in: ders., *Sämtliche Werke. KSA* 12, S. 119.

138 *Die Reden Hitlers am Reichsparteitag 1933*, München 1934, S. 25 (Hvh. i. O.).

139 Ebd. (Hvh. i. O.).

140 Ebd., S. 30.

141 Richard Wagner, *Deutsche Kunst und deutsche Politik. Gesammelte Schriften und Dichtungen*. Bd. 8, Leipzig [2]1888, S. 96 f.

142 Hitler, *Mein Kampf*. Bd. I, S. 677.

143 Joachim C. Fest mit seiner Hitler-Biografie könnte der Erste gewesen sein, der die Totalisierung der Kunst in der Totalisierung der Herrschaft des Nationalsozialismus mit dem Ende des »Dritten Reichs« verbunden hat. In dem Kapitel »Götterdämmerung« beschreibt Fest, wie Hitlers »Untergangsstrategie« (Joachim C. Fest, *Hitler. Eine Biographie. Zweiter Band: Der Führer*, Frankfurt am Main u. a. 1973, S. 996.) nach wagnerianischem Vorbild die letzten Tage seiner Herrschaft bestimmte. Viele Aussagen Hitlers lassen keinen Zweifel übrig, dass er zumindest nicht daran interessiert war, die vollständige Katastrophe irgendwie zu vermeiden oder auch nur abzumildern. Walhalla musste – wie am Ende von Wagners *Ring des Nibelungen* – brennen, die Götter mussten untergehen.

144 Emmanuel Levinas, *Jenseits des Seins oder anders als Sein geschieht*, Freiburg u. München 1992, S. 26.

145 Oder als Mächtigere(r) auch gibt. So oder so wird mein Verhalten zur Strategie.

146 Ebd., S. 27.

147 Hitler, *Mein Kampf.* Bd. I, S. 525.

148 Hitler hat Ernst Jünger wegen seiner Fähigkeit geschätzt, die Materialschlacht beschreiben zu können. Der hat den sogenannten »Blutrausch« oft genug dargestellt. Vgl. Ernst Jünger, *Der Kampf als inneres Erlebnis*, Berlin [3]1928, S. 4–9.

149 Hitler, *Mein Kampf.* Bd. I, S. 753. Vgl. auch S. 231, 675.

150 Thomas Hobbes, *Leviathan*, Hamburg 1996, S. 108.

151 Ebd., S. 106 (Hvh. i. O.).

152 Ebd., S. 105.

153 Baruch de Spinoza, *Ethik in geometrischer Ordnung dargestellt*, Hamburg 1999.

154 Schmitz, *Adolf Hitler in der Geschichte*, S. 375: »Von Darwin übernimmt Hitler (der Sache nach, ohne Rücksicht darauf, ob er sich bewußt auf ihn als Gewährsmann stützt) das Prinzip der bedrohenden Konkurrenz, wonach für Populationen (Arten, Rassen, Völker) das Überlebenkönnen in der Konkurrenz mit ihresgleichen jederzeit auf dem Spiel der Bewährung steht. Diese Seite des Darwinismus überträgt er in eine Weltanschauung, die sonst zu einem beträchtlichen Teil spinozistische Züge trägt. Mit Spinoza teilt er die Überzeugung von einer absoluten Übermacht der Natur (Deus sive natura), die keinen Triumphalismus aufkommen läßt; auch Hitlers Religiösität [...] knüpft an die Staunen und Ehrfurcht erregende Natur an und endet zwar nicht wie bei Spinoza dogmatisch, sondern agnostisch, aber mit einer Art von Naturfrömmigkeit im Sinne von Goethe.«

155 Immanuel Kant, *Über den Gemeinspruch: Das mag in der Theorie richtig sein, taugt aber nicht für die Praxis / Zum ewigen Frieden. Ein philosophischer Entwurf*, Hamburg 1992, B 18.

156 Charles Darwin, *Über die Entstehung der Arten im Thier- und Pflanzenreich durch natürliche Züchtung oder Erhaltung der vervollkommneten Rassen im Kampfe um's Daseyn*, Darmstadt 2008, S. 68.

157 Ebd., S. 69.

158 Ebd., S. 84.
159 Vgl. auch Wilhelm E. Mühlmann, *Geschichte der Anthropologie*, Wiesbaden [4]1986, S. 110 ff.
160 Darauf macht natürlich Hannah Arendt schon aufmerksam. Vgl. Arendt, *Elemente und Ursprünge totaler Herrschaft*, S. 391 ff., 952. Sie kann sich dabei auf Walter Benjamin beziehen: »Es ist bekannt, wie tief die Wirkung des Darwinismus auf die Entwicklung der sozialistischen Geschichtsauffaussung gewesen ist.« Walter Benjamin, »Eduard Fuchs, der Sammler und der Historiker«, in: Ders., *Das Kunstwerk im Zeitalter seiner technischen Reproduzierbarkeit. Drei Studien zur Kunstsoziologie*, S. 89.
161 Primo Levi, *Ist das ein Mensch?*, Frankfurt am Main 1961, S. 178.
162 Warlam Schalamow, *Über Prosa*, Berlin 2009, S. 32.
163 Ebd., S. 33.
164 Ebd., S. 30.
165 Giorgio Agamben, *Ausnahmezustand (Homo Sacer II.1)*, Frankfurt am Main 2004, S. 103.
166 Vgl. Richard Dawkins, *Das egoistische Gen*, Heidelberg, Berlin u. Oxford 1994.
167 {ghdi.ghi-dc.org/docpage.cfm?docpage_id=2382&language=german}, letzter Zugriff 02.09.2021.
168 {web.archive.org/web/20130101054351/http://www.humanitas-international.org/archive/hitler-testament/testament-pg3.htm}, letzter Zugriff 02.09.2021.
169 Vgl. Fest, *Hitler. Eine Biographie. Erster Band: Der Aufstieg*, S. 167.
170 Zehnpfennig, *Hitlers* Mein Kampf, S. 127.
171 Hitler, *Mein Kampf*. Bd. I, S. 859.
172 Ebd., S. 209.
173 Ebd., S. 357.
174 So z. B. der sogenannten »Welteislehre« des österreichischen Ingenieurs und Erfinders Hanns Hörbiger. Diese Lehre war in den Zwanziger- und Dreißigerjahren recht populär, wurde dann auch später von jemandem

wie Heinrich Himmler unterstützt. Siehe hierzu etwa Christina Wessely, *Welteislehre. Eine wahre Geschichte*, Berlin 2013.

175 Fest, *Hitler. Eine Biographie. Erster Band: Der Aufstieg*, S. 167.

176 Max Weber, »Diskussionsrede auf dem ersten Deutschen Soziologentage in Frankfurt 1910 zu dem Vortrag von A. Ploetz über ›Die Begriffe Rasse und Gesellschaft‹«, in: ders., *Gesammelte Aufsätze zur Soziologie und Sozialpolitik*, Tübingen [2]1988, S. 456–462, hier S. 461.

177 Chamberlain, *Die Grundlagen des XIX. Jahrhunderts. I. Hälfte*, S. 33 (Hvh. i. O.).

178 Es wäre unhistorisch, den Diskurs über »Rasse« mit der Aufklärung anfangen zu lassen. Natürlich gibt es schon vorher, selbst in der Antike Bemerkungen über die natürliche Andersheit (aber nicht Minderwertigkeit) des Fremden, über die Rechtfertigung der Sklaverei etc. Die Beobachtung, dass die Hautfarbe sich gemäß dem Klima gestaltet, findet sich bei arabischen Philosophen des Mittelalters, bei denen es dann auch explizit um die natürliche Minderwertigkeit des Anderen geht. Das Wort »Rasse« stammt vom arabischen »ras« (Kopf, Haupt).

179 Man müsste einmal der Frage nachgehen, seit wann wir von der *sexualkundlichen* Aufklärung sprechen. Denn auch darin spielt die Natur eine Rolle. Sex ist letztlich »ganz natürlich«.

180 Immanuel Kant, *Die Metaphysik der Sitten*, in: ders., *Werke*. Bd. IV, Darmstadt 1956, A 93 (Hvh. i. O.).

181 Mühlmann, *Geschichte der Anthropologie*, S. 57.

182 Ebd., S. 58.

183 Georg Wilhelm Friedrich Hegel, *Enzyklopädie der Wissenschaften III. Werke 10*, S. 59 (Hvh. i. O.).

184 Charles Darwin, *Die Abstammung des Menschen und die geschlechtliche Zuchtwahl*, Stuttgart 1871, S. 336.

185 Alfred Ploetz, *Grundlinien einer Rassen-Hygiene. I. Teil: Die Tüchtigkeit unsrer Rasse und der Schutz der Schwa-*

chen, Berlin 1895. Das Zarathustra-Zitat lautet: »Aufwärts geht unser Weg von der Art hinüber zur Ueber-Art. Aber ein Grauen ist uns der entartende Sinn, welcher spricht: ›Alles für mich!‹«

186 Weber, »Diskussionsrede auf dem ersten Deutschen Soziologentage in Frankfurt 1910 zu dem Vortrag von A. Ploetz über ›Die Begriffe Rasse und Gesellschaft‹«, S. 461.

187 Jakob von Uexküll, *Staatsbiologie (Anatomie – Physiologie – Pathologie des Staates)*, Berlin 1920. Zweite Auflage bei der Hanseatischen Verlagsanstalt/Hamburg im Jahr 1933. Der Text gehört zur Vorgeschichte der Kybernetik.

188 Ebd., S. 32. Vgl. zum Verhältnis von »Rassenlehre« und der Erfindung einer indogermanischen Sprachherkunft Maurice Olender, *Race sans histoire*, Paris 2018.

189 Vgl. Benno Müller-Hill, *Tödliche Wissenschaft. Die Aussonderung von Juden, Zigeunern und Geisteskranken 1933–1945*, Reinbek bei Hamburg 1984. Dieses Buch beschreibt sehr deutlich die absurde Situation der »Rassenwissenschaft« im »Dritten Reich«, ihre Versuche, sich von der Banalisierung einer Lehre zu distanzieren, die sie allein durch ihre Institutionalisierung mal opportunistisch, mal idealistisch förderte und bestätigte. Einer der offenbar befreundeten ehemaligen Kollegen von Eugen Fischer in Freiburg war übrigens Heidegger. Nach dem Krieg habe »der Heidegger ihn ab und zu besucht« (ebd., S. 120), erinnert sich Fischers Tochter.

190 Hitler, *Mein Kampf*. Bd. I, S. 737.

191 Immanuel Kant, *Von den verschiedenen Rassen der Menschen*, in: ders., *Werke*. Bd. VI, B 126 f. (Hvh. i. O.).

192 Erwin Baur, Eugen Fischer u. Fritz Lenz, *Menschliche Erblehre*. Bd. I. Vierte, neubearbeitete Auflage, München 1936, S. 763: »[…] daß Rassenmischung der Entstehung hoher vielseitiger Begabung förderlich sein kann. In der Tat sind unter den sogenannten Genies

reine Rassetypen nicht die Regel.« Ein Gedanke mit für Hitler geradezu subversivem Potenzial.

193 Zehnpfennig, *Hitlers* Mein Kampf, S. 73: »Hitlers Biologismus kann man also durchaus als Folge, nicht etwa als Voraussetzung seines antisemitischen Ressentiments deuten.« Ich stimme zu, betone aber, dass im Umkreis der damaligen auch populär gewordenen Rassentheoreme Hitlers Antisemitismus kein allzu großes Problem darstellte.

194 Hitler, *Mein Kampf.* Bd. I, S. 759.

195 Ebd., S. 769.

196 Vgl. Chamberlain, *Die Grundlagen des XIX. Jahrhunderts. I. Hälfte*, S. 323 f.: Über die »unverfälschten [ergo: reinrassigen] Sephardim«: »Das ist Adel im vollsten Sinne des Wortes, echter Rassenadel! Schöne Gestalten, edle Köpfe, Würde im Reden und Gebahren.«

197 Hitler, *Mein Kampf.* Bd. I, S. 879.

198 Günther spricht in seiner von Hitler studierten *Rassenkunde des deutschen Volkes* von der »Rassenseelenkunde«. Es ging darum, »Rassen« auch nach Seelen zu differenzieren. Schon für Le Bon ist die »Massenseele« eine »Rassenseele«. Vgl. Le Bon, *Psychologie der Massen*, S. 14 f.

199 Hitler, *Mein Kampf.* Bd. I, S. 777.

200 Ebd., S. 795. Am Ende des Buches Esra im Tanach wird ein Verbot von Mischehen ausgesprochen. Dennoch ist der Hinweis, es gehe in der jüdischen Religion »in erster Linie« um »Reinhaltung des Blutes« Unsinn.

201 Vgl. Martin Heidegger, *Überlegungen VII–IX (Schwarze Hefte 1938/39). GA 95*, Frankfurt am Main 2014, S. 396: »Die brutalitas des Seins hat *zur Folge* – nicht etwa zum Grund – daß der Mensch selbst sich als seienden eigens und durchaus zum factum brutum macht und seine Tierheit durch die Lehre von der Rasse ›begründet‹. Daher ist diese Lehre vom ›Leben‹ die pöbelhafteste Form, in der die Fragwürdigkeit des Seyns – ohne diese im geringsten zu ahnen – als Selbstverständlichkeit ausgegeben wird.«

202 Vgl. Martin Heidegger, *Überlegungen XII–XV (Schwarze Hefte 1939–1941). GA 96*, Frankfurt am Main 2014, S. 56: »Die Juden ›leben‹ bei ihrer betont rechnerischen Begabung am längsten schon nach dem Rasseprinzip, weshalb sie sich auch am heftigsten gegen die uneingeschränkte Anwendung zur Wehr setzen.«

203 Hitler, *Mein Kampf*. Bd. I, S. 851.

204 Ebd., S. 753.

205 Ebd., S. 881.

206 Vgl. Hamann, *Hitlers Wien*, S. 53–57.

207 Vgl. z. B. Eugen Fischer u. Gerhard Kittel, *Antikes Weltjudentum. Tatsachen, Texte, Bilder*, Hamburg 1943, S. 5: »Das vorliegende Werk ist die Frucht einer echten Gemeinschaftsarbeit zwischen Geisteswissenschaft und Naturwissenschaft.« So wird schon im ersten Satz die Wissenschaftlichkeit der »Forschung« behauptet. Der ganze dritte Teil des Buches zeigt dann »Die ältesten Karikaturen des Weltjudentums« (ebd., S. 167–219) – wobei auch in der Präsentation dieser Abbildungen der wissenschaftliche Ton aufrechterhalten wird. Dass aber ein solches Buch mit diesen Abbildungen oder überhaupt seinem Thema 1943 (und auch danach bis heute) nur antisemitisch interpretiert werden konnte und kann, liegt auf der Hand.

208 Thomas Mann, *Nietzsche im Lichte unserer Erfahrung*, Frankfurt am Main 1948.

209 Richard Oehler, *Friedrich Nietzsche und die deutsche Zukunft*, Leipzig 1935. Was das Verhältnis Nietzsche und Nationalsozialismus betrifft vgl. natürlich Bernhard H. F. Taureck, *Nietzsche und der Faschismus. Ein Politikum*, Leipzig 2000.

210 Arendt, *Eichmann in Jerusalem*, S. 174.

211 Wilhelm E. Mühlmann, der Kant auf diese Weise in die Geschichte der Anthropologie einordnete, stand dem »Dritten Reich« allerdings postiv gegenüber. Vgl. auch sein Buch *Rassen- und Völkerkunde. Lebensprobleme der Rassen, Gesellschaften und Völker*, Braunschweig 1936.

212 Houston Stewart Chamberlain, *Immanuel Kant. Die Persönlichkeit als Einführung in das Werk*, München 1905.

213 Werner Best, »Der Krieg und das Recht«, in: *Krieg und Krieger*, hrsg. von Ernst Jünger, Berlin 1930, S. 152. Vgl. den sehr beeindruckenden wiki-Eintrag: {https://de.wikipedia.org/wiki/Werner_Best_(NSDAP)}, letzter Zugriff 20.10.2021. Ich danke Volker Weiß für diesen Hinweis.

214 Ebd., S. 161.

215 Hans F. K. Günther, *Mein Eindruck von Adolf Hitler*, Pähl o. J., S. 7.

216 Heidegger, *Überlegungen VII–IX (Schwarze Hefte 1938/39). GA 95*, S. 32.

217 Ebd., S. 33

218 Gerhard Lehmann, *Die deutsche Philosophie der Gegenwart*, Stuttgart 1943, S. 29.

219 Martin Heidegger, *Überlegungen II–VI (Schwarze Hefte 1931–1938). GA 94*, Frankfurt am Main 2014, S. 194.

220 *Kommandant in Auschwitz. Autobiographische Aufzeichnungen von Rudolf Höß*, Stuttgart 1958, S. 17.

221 Ebd., S. 18.

222 Ebd., S. 23.

223 Vgl. Raul Hilberg, *Die Vernichtung der europäischen Juden*. Bd. 3, Frankfurt am Main 1990, S. 1079.

224 Hitler, *Mein Kampf*. Bd. I, S. 567.

225 Vgl. dazu Jörg Baberowski, *Räume der Gewalt*, Frankfurt am Main 2015.

226 Niccolò Machiavelli, *Der Fürst*, in: ders., *Politische Schriften*, Frankfurt am Main 1990, S. 54.

227 Ebd., S. 75 f.

228 W. I. Lenin, *Staat und Revolution. Die Lehre des Marxismus vom Staat und die Aufgaben des Proletariats in der Revolution*, Berlin 1970, S. 10 (Hvh. i. O.).

229 Hitler, *Mein Kampf*. Bd. I, S. 478.

230 Hitler, *Mein Kampf*. Bd. II, S. 1347.

231 Hitler, *Mein Kampf*. Bd. I, S. 475.

232 Hitler, *Mein Kampf.* Bd. I, S. 879.
233 Hitler, *Mein Kampf.* Bd. II, S. 1481 (Hvh. i. O.).
234 Hitler, *Mein Kampf.* Bd. I, S. 557.
235 Hitler, *Mein Kampf.* Bd. II, S. 1675 (Hvh. i. O.).
236 Ebd., S. 1317.
237 Ebd., S. 1351.
238 Ebd., S. 1383 (Hvh. i. O.).
239 Ebd., S. 1389.
240 Ebd., S. 1389 f.
241 Vgl. Erich Fromm, *Anatomie der menschlichen Destruktivität*, Stuttgart 1974.
242 Vgl. z. B. Robert Miles, »Rassismus«, in: *Was ist Rassismus? Kritische Texte.* Hrsg. von Dorothee Kimmich, Stephanie Lavorano u. Franziska Bergmann, Stuttgart 2016, S. 49–68.
243 Mühlmann, *Geschichte der Anthropologie*, S. 29.
244 Vgl. Gilberto Freye, *Herrenhaus und Sklavenhütte. Ein Bild der brasilianischen Gesellschaft*, Köln u. Berlin 1965, S. 351.
245 Arendt, *Elemente und Ursprünge totaler Herrschaft*, S. 306. Bekannt ist, dass Arendts Zugang zum Imperialismus durch eine Auslegung von Joseph Conrads »Heart of Darkness« selbst rassistisch gefärbt ist.
246 Hitler, *Mein Kampf.* Bd. I, S. 879.
247 Jakob Friedrich Fries, *Ueber die die Gefährdung des Wohlstandes und Charakters der Deutschen durch die Juden*, Heidelberg 1816, S. 18 (Hvh. i. O.).
248 Hitler, *Mein Kampf.* Bd. I, S. 847.
249 Hitler, *Mein Kampf.* Bd. II, S. 1053.
250 Hitler, *Mein Kampf.* Bd. I, S. 919.
251 Ebd., S. 667.
252 Vgl. dazu natürlich Klaus Theweleit, *Männerphantasien.* Neuausgabe, Berlin 2019, vor allem S. 693–872.
253 Hitler, *Mein Kampf.* Bd. II, S. 1053.
254 Hitler, *Mein Kampf.* Bd. I, S. 473.
255 Ebd., S. 783.
256 Ebd., S. 793.

257 Besonders infam Peter-Heinz Seraphim, *Das Judentum im osteuropäischen Raum*, Essen 1938.

258 So Hermann Göring in seinem Brief vom 31. Juli 1941 an Reinhard Heydrich.

259 Arendt, *Elemente und Ursprünge totaler Herrschaft*, S. 915 f.

260 *Kommandant in Auschwitz*, S. 120.

261 Arendt, *Elemente und Ursprünge totaler Herrschaft*, S. 912.

262 Hitler, *Mein Kampf*. Bd. I, S. 671.

263 Friedrich Nietzsche, *Nachgelassene Fragmente. KSA 11*, S. 98 (Hvh. i. O.).

264 Vgl. Alexander Tille, *Von Darwin bis Nietzsche*, Leipzig 1895.

265 Hans F. K. Günther, *Platon als Hüter des Lebens. Platons Zucht- und Erziehungsgedanken und deren Bedeutung für die Gegenwart*, Pähl ³1966. Die Erstausgabe stammt aus dem Jahr 1928.

266 Vgl. Karl Binding u. Alfred Hoche, *Die Freigabe der Vernichtung lebensunwerten Lebens. Ihr Maß und ihre Form*, Leipzig ²1922. Binding war Strafrechtler, Hoche ein Psychiater bzw. Hirnforscher. Das Buch sucht vor allem die rechtlichen Fragen der Euthanasie zu klären.

267 Hitler, *Mein Kampf*. Bd. I, S. 555.

268 Carolin Emcke, *Gegen den Hass*, Frankfurt am Main 2016, S. 16.

269 Ich danke Alexander Schnell für diesen Hinweis.

270 Gilles Deleuze, *Spinoza und das Problem des Ausdrucks in der Philosophie*, München 1993, S. 229. Vgl. dazu auch Giorgio Agamben, »Die absolute Immanenz«, in: ders., *Die Macht des Denkens. Gesammelte Essays*, Frankfurt am Main 2013, S. 428–459.

271 Deleuze, *Spinoza und das Problem des Ausdrucks in der Philosophie*, S. 230.

272 Ebd.

273 Ebd.

274 Eine schöne Studie über den Hass hat Jeannette Fischer vorgelegt. Sie kommt auf viele Beispiele zu sprechen, um die es auch mir geht. Es bleibt allerdings ein Unterschied, wenn sie schreibt: »Der Nationalsozialismus kannte kein Narrativ des Friedens, es gab keine Vision von Frieden, nur den vernichtenden Kampf, das Narrativ des Krieges.« Jeannette Fischer, *Hass*, Frankfurt am Main 2021, S. 66. Der Naturalismus der Gesellschaft ist in meinen Augen kein »Narrativ«, sondern höchstens die Voraussetzung für »Narrative«, deren Folgen gewiss zu bedenken sind.

275 Vgl. Stefan Aust, *Der Baader-Meinhof-Komplex*, München 2010, S. 382.

276 Vgl. Judith Butler, *Haß spricht. Zur Politik des Performativen*, Frankfurt am Main 2006.

277 Götz Aly, *Warum die Deutschen? Warum die Juden? Gleichheit, Neid und Rassenhass 1800–1933*, Frankfurt am Main 2011.

278 Ebd., S. 11.

279 Franz Kafka, *Briefe 1902 bis 1924*, New York 1958, S. 19.

Erste Auflage Berlin 2022

MSB Matthes & Seitz Berlin Verlagsgesellschaft mbH
Göhrener Straße 7 | 10437 Berlin
info@matthes-seitz-berlin.de

Satz: psb, Berlin
Druck und Bindung: Art Druk, Szczecin
Umschlaggestaltung nach einer Idee von Pierre Faucheux
ISBN 978-3-7518-0529-2

www.matthes-seitz-berlin.de